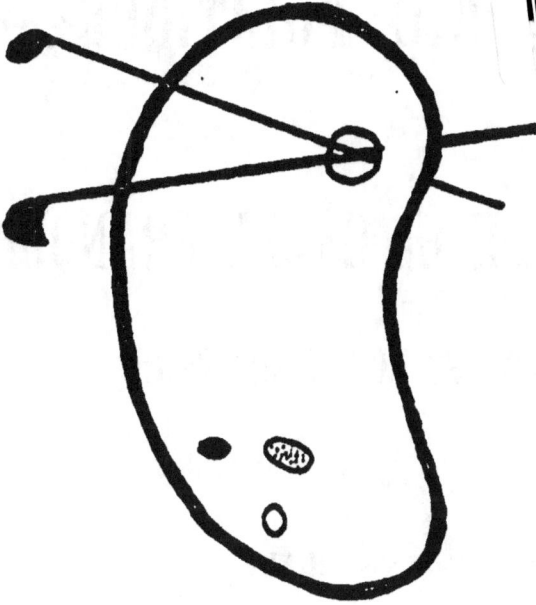

GÉOGRAPHIE POLITIQUE

DU

SUD-OUEST DE LA GAULE FRANQUE

AU TEMPS DES ROIS D'AQUITAINE

PAR

Jean - François BLADÉ

AGEN

IMPRIMERIE VEUVE LAMY

43, rue Voltaire, 43

1895

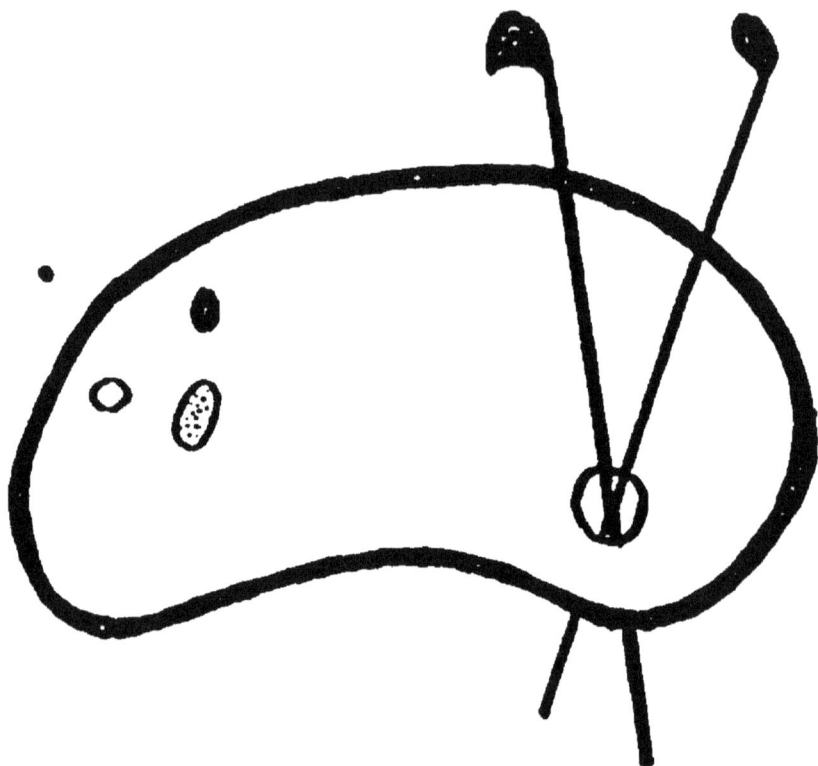

FIN D'UNE SERIE DE DOCUMENTS
EN COULEUR

GÉOGRAPHIE POLITIQUE

DU

SUD-OUEST DE LA GAULE FRANQUE

AU TEMPS DES ROIS D'AQUITAINE

GÉOGRAPHIE POLITIQUE

DU

SUD-OUEST DE LA GAULE FRANQUE

AU TEMPS DES ROIS D'AQUITAINE

PAR

Jean - François BLADÉ

AGEN

IMPRIMERIE VEUVE LAMY

43, rue Voltaire, 43

—

1895

GÉOGRAPHIE POLITIQUE

DU

SUD-OUEST DE LA GAULE FRANQUE

AU TEMPS DES ROIS D'AQUITAINE

———

Dans un mémoire déjà publié, j'ai tâché d'étudier les destinées du sud-ouest de la Gaule Franque, depuis la création du royaume d'Aquitaine jusqu'à la mort de Charlemagne (778-814). La suite de ces recherches, jusqu'au décès de Louis le Débonnaire (814-840), ne tardera pas beaucoup à paraître. En attendant, je crois utile de m'expliquer assez abondamment sur la géographie politique du sud-ouest de la Gaule Franque jusque vers 872, date généralement acceptée comme celle du choix de Sanche Ier, dit Mitarra, en qualité de duc héréditaire de Gascogne. Cette date, n'est, du reste, antérieure que de cinq ans à celle où l'État Aquitain finit (877), par l'avènement de son dernier souverain, Louis le Bègue, au royaume de France, et par la domination ultérieure de ce prince sur l'un et l'autre pays.

Il résulte de mes recherches précédentes qu'en 769, époque de la ruine du duché bénéficiaire d'Aquitaine, et peut-être même jusqu'à l'époque de l'érection de l'État Aquitain, le duché bénéficiaire de Vasconie comprenait les cités épiscopales d'Eauze, Auch, Dax, Lectoure, Comminges, Conserans, Bazas, Aire, Tarbes, Oloron, et Béarn ou Lescar. Tout porte à croire qu'alors l'évêché de Labourd ou Bayonne existait aussi, depuis quelque temps. Enfin, la portion du texte du Cosmographe anonyme de Ravenne contenant la description de la *Spanoguasconia*, ou duché bénéficiaire de Vasconie, signale en ce pays les cités (*civitates*) non épiscopales de *Vostianum*, *Sacer*, et *Sacerons*, qu'il est impossible d'identifier. La description dont s'agit date assurément de la basse époque mérovingienne.

Que devinrent, après la création du royaume d'Aquitaine, les anciens duchés bénéficiaires d'Aquitaine et de Vasconie ? La plupart des annalistes admettent que, dans le nouvel État, ces deux

1

grands gouvernements continuèrent d'exister avec la même étendue.
Cette doctrine ne soutient pas l'examen. Je me réserve de la discuter, dans un autre mémoire, avec toute l'étendue nécessaire. Le vrai
malheur est que nous sommes bien incomplétement renseignés sur
l'ordre établi par Charlemagne dans le royaume d'Aquitaine, lors de
la création de cet État. Le seul texte véritablement contemporain,
est celui de l'auteur anonyme de la Vie de Louis le Débonnaire (*Vita
Ludovici Pii Imperatoris*) généralement désigné sous le nom
d'Astronome Limousin. Ce chroniqueur nous apprend que, pour
gouverner les divers districts du royaume, Charlemagne choisit des
seigneurs Francs, dont la fidélité lui était connue. D'une quinzaine de
comtés, ou gouvernements particuliers, compris dans la Première et
la Seconde Aquitaine, avec le Toulousain en plus, nous n'en connaissons que neuf où ce prince établit alors de nouveaux comtes,
savoir : en Berry, Humbert, à qui succéda bientôt Sturdius ; en Poitou, Abbon ; en Périgord, Wilbade ; en Auvergne, Icterius ; en Bordelais, Siguin ; en Limousin, Roger ; en Toulousain, Chorson ; en
Albigeois, Aimon ; en Velai, Bullus. Tous ces gouvernements faisaient auparavant partie du duché bénéficiaire d'Aquitaine, tel que
nous le voyons constitué au temps d'Eudes, de Hunald, et de Gaifler.
Mais il est certain que ledit duché englobait en outre les cités épiscopales de Rodez, Cahors, Agen, Angoulême, Saintes, et Gévaudan,
dont l'Astronome Limousin ne parle pas, mais dont l'existence nous
est certifiée par maints documents de l'époque mérovingienne. Pour
le territoire correspondant à l'ancien duché dont s'agit, la liste des
comtés fournie par le biographe de Louis le Débonnaire, au moment
de la création du royaume d'Aquitaine, est donc simplement indicative,
et non pas limitative. Je me sens encore plus et mieux confirmé dans
cette opinion, quand je songe que notre chroniqueur est ici muet sur
l'organisation de la Vasconie et de la Septimanie, pourtant comprises,
comme l'Aquitaine, dans le royaume fondé par Charlemagne vers
778. Mais le simple bon sens ne permet pas de douter que ces
deux pays avaient aussi, à la même époque, une organisation quelconque. Je n'ai, par un bonheur très relatif, à m'inquiéter ici que de
celle de notre Sud-Ouest. Or, entre 778 et 877, le biographe de Louis
le Débonnaire, et d'autres textes authentiques, signalent expressément certains comtés. Notez que la plupart de ces indications étant
incidentes, il n'y a aucune témérité de reporter l'existence de ces
districts plus ha ' que les dates où nous les voyons apparaître, et à
les faire remon   à la création même de l'État Aquitain.

Voilà toutes mes explications préliminaires. Elles suffisent pour mettre le lecteur à même de suivre et contrôler ma difficile besogne.

§ I. COMTÉ DE BIGORRE. — Tout bien pesé, je me résous à chercher mon premier point d'appui dans le comté de Bigorre. Et d'abord, j'ai hâte de le confesser, les documents relatifs à ce district carolingien sont aujourd'hui détruits ou perdus. Mais ils existaient incontestablement au XVIIᵉ siècle, dans la bibliothèque d'un homme aussi grave que docte, André Duchesne, géographe du roi Louis XIV. Duchesne était le correspondant et l'ami des deux véritables fondateurs de l'histoire de la Gascogne, Oïhenart et Marca. Ses papiers, réunis à ceux d'Oïhenart, sont maintenant conservés à la Bibliothèque Nationale, où j'ai vainement recherché ceux qui pourraient nous renseigner. Mais Oïhenart et Marca les ont vus.

Oïhenart signale, en effet, parmi les plus anciens comtes de Bigorre Donat-Loup (*Donatus Lupi*), qui vivait au temps de la royauté de Louis le Débonnaire (*sub Ludouico Pio Rege*). Après ce seigneur, il nomme la comtesse Faquileno (*Faquileno, Comitissa Bigorræ*). Viennent ensuite Dat-Donat, évidemment leur fils, en exercice sous Charles le Chauve (*Dato Donati, Comes Bigorræ, Carolo Rege*), et Loup-Donat (*Lupus Donati*)[1]. Inutile de pousser plus loin l'énumération.

Laissons maintenant parler Marca : « On est en peine de sçauoir les noms des anciens Comtes de Bigorre, successeurs d'Enéco »... Il s'agit ici d'Inigo, dit Arista, dont Marca, et bien d'autres après lui, font un comte de Bigorre, en même temps que le chef de la lignée des souverains de Navarre. Toujours selon Marca et les et les annalistes subalternes qui le copient, Inigo aurait été comte de Bigorre avant Donat-Loup. Je me borne à résumer cette doctrine, sans rechercher ici ce qu'elle contient de vérités ou d'erreurs, et je continue ma citation : « Mais le soin ordinaire du sieur Duchesne, Geographe du Roi, nous a descouuert le nom de quelques vns, qu'il a recueillis de diuers textes en cet ordre. *Donatus Lupi*, du temps du Roi Louis le Débonnaire. *Faquileno*, Comtesse de Bigorre. *Dato Donati*, Comte de Bigorre, sous le Roi Charles le Chauue. Et encor en suite vn comte nommé *Lupus Donati*[2] ».

Nous avons donc la preuve qu'il existait encore, au XVIIᵉ siècle, des documents faisant mention d'un comté carolingien de Bigorre.

---

[1] OÏHENART, *Notit. utr. Vascon.*, 507.

[2] MARCA, *Hist. de Bearn*, 802.

Mais étaient-ils bien authentiques? Si je me pose la question, c'est qu'on a produit, concernant notre Sud-Ouest au temps de rois d'Aquitaine, certains documents inattaquables, et d'autres qu'il faut écarter comme apocryphes. Il est, en outre, une troisième classe de textes, dont la rédaction suffit à dénoncer clairement qu'ils ne furent écrits que longtemps après les événements qu'ils racontent, et sur lesquels nous ne sommes guère édifiés d'autre façon. Le problème a donc sa portée. Mais quoi? Là-dessus, nous ne pouvons que nous fier à l'hypothèse la plus probable. Celle de l'authenticité des textes ne me répugne pas absolument, bien que Oïhenart et Marca aient plus d'une fois accepté comme bons des documents faux, et qu'ils se soient aussi fiés à d'autres, dont la rédaction relativement récente aurait dû les rendre plus circonspects. Mais ces critiques ne doivent pas me faire oublier que, pendant la période mérovingienne, il existait une cité épiscopale de Tarbes ou Bigorre, et un diocèse de même nom, qui devaient avoir tous deux la même étendue. Je dois rappeler aussi qu'il en fut d'abord de même, durant l'époque féodale, c'est-à-dire avant que ce fief suzerain eut été successivement réduit du Montanérès et du Pays de Rivière-Basse [1], et de la viguerie ou châtellenie de Mauvezin. Ce sont là des faits trop connus pour qu'il soit besoin d'insister.

Il n'en est pas de même en ce qui concerne les paroisses de la Bigorre comprises dans la jugerie de Rivière, créée sous Philippe le Bel (vers 1297), et dépendant de la sénéchaussée de Toulouse. Dans cette jugerie, faite de terres dispersées, figure le Pays de Fites et Refites. L'archidiaconé de Fites dépendait du diocèse d'Auch [2]. Sarran, Sarraguzan, et Sénac devaient former le Pays de Fites Les autres paroisses, c'est-à-dire Chelle, Bonnefont, Estampures, Esparros, Frechède, Lanespede, Saint-Sever-de-Ruslan, Tournay, dépendaient du diocèse de Tarbes. Aucun document un peu ancien ne parle du Pays de Refites, par opposition à celui de Fites. Tout porte à croire que l'expression Refites a été inventée pour désigner les paroisses du diocèse de Tarbes comprises dans le Pays de Fites et Refites. Le territoire de celles de Fites est donc attribuable au comté carolingien, de Fezensac, tandis que celui de Refites doit être laissé au comté de Bigorre.

---

[1] MARCA, Hist. de Béarn, 350.
[2] Sur la composition de cet archidiaconé, voir l'ancien pouillé du diocèse d'Auch, aux Archives départementales du Gers, G. 19, fol. 19.

Sous le bénéfice de ces observations, j'estime que le comté carolingien de Bigorre équivalait à la *civitas Turba ubi castrum Bigorra*,
ou *Bogorra*, du Bas-Empire, régulièrement représenté par l'ancien
diocèse de Tarbes, et par le comté féodal de Bigorre, dont il est aisé
de constater, au cours des âges, les démembrements successifs.

§ II. Comté de Fezensac. — Le biographe anonyme de Louis le Débonnaire nous apprend qu'en 801, le comte Burgundio étant mort
(*Burgundione namque mortuo*), son comté de Fezensac (*comitatus
ejus Fidentiacus*) fut donné à un seigneur nommé Liutard. De là,
parmi les gens du Fezensac, une insurrection réprimée par ordre de
Louis le Débonnaire [1]. Marca fait de ce Burgundio un Vascon [2]. Mais
où en est la preuve? Quoi qu'il en soit, la révolte de 801 atteste tout
au moins que Burgundio était populaire dans notre Sud-Ouest, car
aucune sédition n'est signalée contre lui, mais seulement contre
son successeur Liutard. Notez en outre que ledit Burgundio ne se
trouve ici mentionné qu'incidemment. Ce personnage devait donc
être en fonctions depuis un temps plus ou moins long. Mais, entre
801 et 778, l'intervalle n'est que de vingt-trois ans. On peut donc
affirmer, sans crainte, que le district dont s'agit remonte à la création même du royaume d'Aquitaine.

Le comté de Fezensac se nommait aussi le comté d'Auch. Nous en
trouvons la preuve dans un diplôme de 817, dans une donation faite
par Louis le Débonnaire en faveur de Ucian, abbé de Sorèze, monastère alors compris dans le diocèse primitif de Toulouse. Il y est dit
qu'à une époque indéterminée, mais antérieure à 817, le comte Ari-
cat (*Aricatus comes*), qui gouvernait alors le comté d'Auch (*quondam
in pago Auscense*), vendit au donateur de Sorèze les villas de *Blizentiacus*, de *Montejoco*, d'*Exartigat*, de *Vacarius*, et de *Petra-Acuta* [3].

_____

[1] *Vit. Ludov. Pii,* ap. Bouquet, vi, 91-92.
[2] Marca, *Hist. de Béarn,* 129.
[3] Quas nobis res proprietatis, Aricatus comes, quondam in pago
Auxense per instrumenta chartarum tradidit, hoc est villa, quæ dicitur Blizentiacus, cum Ecclesiis ibidem fundatis in honorem Sanctæ Mariæ et
Sancti Joannis, immo (sic) cum territoriis de Petra Acuta. — Villam quæ
di citur de Montejoco, — Villam quæ, dicitur Exartigat, — Villam quæ dicitur Vacarius cum Ecclesia quæ et ibidem est in honore Sancti Joannis
ædificata est, — Villam quæ dicitur Marcellianus; una cum Ecclesia quæ
ibidem constructa est in honore Sancti Martini; et in Aqua-Clusa quantum-
cumque proprietatis nostræ est possessio, cum ecclesia in honore sancti

Il importe de raisonner au sujet de ces localités. Dom Brugeles les place toutes aux environs de Saramon, abbaye fille de celle de Sorèze (diocèse primitif de Toulouse), et sise elle-même en Astarac (diocèse primitif d'Auch) [1]. Pour moi, je me déclare incapable d'identifier *Blizentiacus* et *Vacarius*. Quant à *Petra Acuta*, *Exartigat*, *Marcellianus*, et *Aqua-Clusa*, elles appartiennent sans conteste à la portion du diocèse primitif, et plus tard agrandi d'Auch, qui devint ensuite le comté d'Astarac. *Exartigat* est aujourd'hui représenté par Lartigue (canton de Saramon, Gers), et *Marcellianus* par l'une des trois localités de ce nom, Marseillan (canton de Mirande, Gers). *Aqua-Clusa*, c'est-à-dire la *parroclia Sancti Joannis de Aqua Clusa*, aujourd'hui comprise dans la commune de Pavie (canton d'Auch, Gers), est mentionnée plusieurs fois dans les cartulaires d'Auch. Puisque ces trois localités se trouvent comprises *in pago Auxense*, dans le diplôme de 817, et qu'elles firent ensuite partie de l'Astarac, soumis notoirement à la suzeraineté des comtes féodaux de Toulouse et de leurs ayant-droit, il faut en conclure que les comtes carolingiens de la même ville n'avaient pas encore étendu leur domination de ce côté. Bien plus. La villa de *Montejoco* se retrouve aujourd'hui dans Mongausi, commune du canton de Lombez (Gers), autrefois englobée dans le diocèse de même nom, demembré de celui de Toulouse en 1317. Mais alors, le comté carolingien de Fezensac ou d'Auch, loin d'être réduit au profit du Toulousain, du côté du levant, aurait au contraire empiété quelque peu sur lui. Mais je reviendrai plus bas sur la suzeraineté des comtes de Toulouse dans l'Astarac durant l'époque féodale.

Dans le diplôme de 817, *Pagus Auxensis* désigne donc, non pas les diocèses primitifs d'Eauze et d'Auch, qui devaient constituer avant 876 l'archevêché d'Auch, mais bien le comté carolingien d'Auch ou Fezensac.

Quelle pouvait être l'étendue de ce comté? Jusqu'à ce jour, tous les annalistes l'ont identifié avec le comté féodal de même nom, à l'époque de son maximum d'extension. c'est-à-dire à la mort du comte Guillaume-Garcie (960). Son fils aîné, Othon, dit Falta, garda le Fezensac réduit. Le frère de celui-ci, Bernard, dit le Louche, obtint le comté d'Armagnac. Arnaud-Garcie, dit Nonnat, troi-

Martini fundata, cum molino qui ibidem in flumine Gersio. Dom BRUGELES, *Chroniq. eccles. du diocèse d'Auch, Preuves de la Seconde Partie*, 42-43.

[1] Dom BRUGELES, *Chron. eccles. du diocèse d'Auch*, 275.

sième fils de Garcie-Sanche, dit le Courbé, duc de Gascogne, avait
recueilli le comté d'Astarac dans la succession de son père (920). Le
second Fezensac fut de nouveau réduit du territoire qui forma
désormais la vicomté de Fezensaguet, créé très vraisemblablement
au profit de Roger, quatrième fils de Bernard IV, comte d'Armagnac, vers le commencement du XIII° siècle.

L'Astarac primitif perdit la vicomté de Magnoac, qui forma la dot
de Fachilene, fille du comte Arnaud-Garcie, mariée à Garcie-Arnaud,
comte d'Aure. Ce seigneur était déjà mort en 920 [1]. Le Magnoac demeura désormais annexé au comté d'Aure, qui forma plus tard celui
des Quatre-Vallées (Aure, Magnoac, Nestes, Baroussc). En 1025, nouveau démembrement de l'Astarac, par l'attribution de sa partie occidentale à Bernard, dit Pelagos, troisième fils d'Arnaud II, comte
d'Astarac. Ce territoire forma désormais le comté de Pardiac.

Tel fut, en somme, le démembrement du primitif comté féodal pré-
senté jusqu'à ce jour comme identique au Fezensac carolingien. J'ai
hâte de concéder que celui-ci englobait le territoire qui constitua plus
tard les fiefs suzerains de Fezensac (définitivement réduit), de Pardiac, et de Magnoac. Mes observations ne concernent que le comté
d'Astarac, la vicomté de Fezensaguet, et le comté d'Armagnac.

Nous verrons plus bas, en étudiant la *Gascogne Toulousaine*, que
les comtes de Toulouse, et leurs ayant-droit, exerçaient de véritables
droits suzerains sur le comté d'Astarac, et sur portion de la vicomté
de Fezensaguet située sur la rive droite de l'Arrats, affluent de la
Garonne. Mais, au temps des rois d'Aquitaine, le futur Astarac n'était
pas encore passé sous la domination des comtes de Toulouse. La
preuve, je le répète, c'est que les villas d'*Exartigal*, de *Marcellianus*, et d'*Aqua-Clusa*, nommées dans le diplôme précité de 817, et
aujourd'hui représentées par Lartigue, Marseillan, et une portion du
territoire de Pavie, sont précisément situées dans le futur comté
d'Astarac, qui passa plus tard sous la suzeraineté des comtes de
Toulouse. Or, il n'en était pas ainsi au temps du comte Arical, qui
les vendit, ainsi que d'autres villas, à Louis le Débonnaire. Celles
dont s'agit ici se trouvaient alors englobées dans le comté carolingien de Fezensac ou d'Auch, *in pago Auscence*. Quant à la partie
de la vicomté de Fezensaguet sise sur la rive droite de l'Arrats, ce
territoire constitue, et sans conteste, un démembrement du comté

[1] Dom BRUGELES, *Chron. ecclés. du diocèse d'Auch*, 558.

carolingien de Toulouse. Il demeura compris, en effet, dans le diocèse de ce nom.

Mais, encore une fois, je m'expliquerai plus amplement à ce sujet, en traitant la *Gascogne Toulousaine*.

En revanche, je dois ici m'étendre assez longuement sur le primitif comté d'Armagnac. Quelle était son étendue? Les annalistes et géographes subalternes le composent de trois districts de Bas-Armagnac, d'Eauzan, et de Rivière-Basse, dont la composition est bien connue. Il est pourtant démontré que ce dernier territoire, et celui de Montanérès, appartenaient originairement au comté de Bigorre, dont ils furent démembrés, au profit des vicomtes de Béarn, avant 1088. L'un et l'autre n'ont jamais cessé, d'ailleurs, de faire partie, jusqu'à la Révolution, du diocèse de Tarbes. Nous verrons plus bas quand et comment le Pays de Rivière-Basse passa de la maison de Béarn à la maison d'Armagnac. Ce district est donc a exclure du comté primitif d'Armagnac, comme du Fezensac carolingien.

Restent le Bas-Armagnac et l'Eauzan. Faut-il considérer ces deux contrées comme représentant le domaine primitif des comtes d'Armagnac? La négative n'est pas douteuse. Ce domaine n'équivalait d'abord qu'à l'archidiaconé du même nom, tel qu'on le trouve décrit dans le Livre Rouge de l'Église d'Auch. C'est à M. l'abbé Breuils qu'appartient uniquement l'honneur de cette découverte. Je ne fais qu'utiliser ici les notes fournies par mon généreux correspondant[1].

Voici d'abord les preuves par exclusion du domaine restreint de l'Armagnac primitif. Voici l'indication de la plus ancienne limite de ce comté et de celui de Fezensac.

Espas, canton de Nogaro (Gers), n'était pas d'abord dans l'Armagnac, mais dans le Fezensac. La donation d'Espas (*de Sancto Johanne d'Espais*) faite par le comte de Fezensac (950) à Sainte-Marie d'Auch, ne laisse aucun doute à ce sujet[2]

Même observation concernant Eauze et Manciet. En 1089, c'est Aymeric II, comte de Fezensac, qui restaure le monastère d'Eauze[3]. Vers 1150, Adalmur, fille et héritière des comtes de Fezensac, restitue au chapitre d'Auch l'église de Sainte-Marie de Cieutal ou Eauze

---

[1] Sur la composition de cet archidiaconé, voir un vieux pouillé du diocèse d'Auch, *Arch. départ. du Gers*, G. 19, fol. CLII, V°. — CLIV, V°.

[2] Dom BRUGELES, *Chron. eccles. du Dioc. d'Auch, Preuves de la Première Partie*, 12.

[3] *Id. Ibid., Preuves de la Seconde Partie*, 51.

(*Ecclesia Sanctæ Mariæ, in Civitate Elisana*)[1]. Quant à Manciet, la chose est prouvée par le testament de Guillaume de Moncade, vicomte de Béarn, qui déclare avoir reçu Manciet de ses prédécesseurs, les vicomtes de Gabardan, issus eux-mêmes de ceux de Béarn. Ceux-ci, possédaient une portion du territoire appelé depuis Eauzan, notamment Dému au xi⁰ siècle, ainsi qu'il appert d'une charte de 1097[2], et de l'acte de restauration du monastère d'Eauze (1089), qui attribue ce fait aux efforts réunis des vicomtes et de Fezensac[3]. Tout porte à croire que cette partie du futur Eauzan était arrivée aux vicomtes de Gabardan par le mariage de l'un d'eux avec une fille de la maison de Fezensac. On ne pourrait, en effet, s'expliquer autrement la pointe que le Gabardan poussait en Fezensac, par Manciet et Dému. Ainsi, Manciet fut d'abord compris dans le Fezensac.

Même situation pour Castelnau-d'Auzan, ou d'Eauzan (*in Ausano*) comme on peut légitimement induire d'une bulle du Pape Célestin III (1195), mentionnent l'église de Castillon (*de Castilhono*) aujourd'hui détruite, et qui était comprise dans Castelnau-d'Eauzan[4].

Parlons maintenant de la limite nord du primitif comté d'Armagnac.

Ici, aboutissait le diocèse d'Aire, avec le Gabardan et le Marsan. Vers le septentrion, les limites du Gabardan sont fort mal connues. Il n'en est heureusement pas de même de celle du Marsan. Voici ce qu'il importe de noter à ce sujet.

Toujouse, paroisse de l'ancien diocèse d'Aire, aujourd'hui comprise dans le canton de Nogaro (Gers), appartenait, en 1312, au Marsan, et non à l'Armagnac. La chose est prouvée par un hommage de Bernard, seigneur du lieu, à Marguerite de Foix, vicomtesse de Béarn et de Marsan, suzeraine de Toujouse, en cette seconde qualité[5].

En 1317, Monguilhem était également en Marsan, et non en Armagnac, comme le prouvent la fondation et le paréage de cette terre par Guillaume de Montaigut, sénéchal de Guienne pour le roi d'Angleterre[6]. En effet, pour que la contrée de Monguilhem fut sous la

[1] Dom Brugeles, *Chron. eccles. du Dioc. d'Auch, Preuves de la Première Partie*, 33-34.
[2] Id. Ibid., *Preuves de la Première Partie*, 26.
[3] Id. Ibid., *Preuves de la Seconde Partie*, 54.
[4] Id. Ibid., *Preuves de la Première Partie*, 40-41.
[5] Monlezun, *Histoire de la Gascogne*, iii, 125.
[6] Abbé Cazauran, *Monguilhem et Toujouse, Pièces justificatives*, 223.

juridiction dudit sénéchal, il fallait que ce fut en Marsan. A cet aspect, il n'y avait alors d'autre région relevant du roi d'Angleterre que le Marsan. vicomté englobée dans la sénéchaussée des Lannes ou des Landes [1], dont elle formait une dépendance. Ainsi, Monguilhem. compris dans la susdite sénéchaussée, appartenait bien d'abord au Marsan.

Au même aspect, c'est-à-dire au nord, Lias dépendait aussi des rois d'Angleterre, ainsi que j'ai expliqué en attribuant Monguilhem au Marsan [2].

Tout est connu en ce qui concerne la limite occidentale de l'Armagnac. Aire se trouvait dans la vicomté de Tursan, qui passa aux vicomtes de Marsan. Pas de difficultés, non plus, à l'aspect du sud. Il est bien connu que Garlin (Basses-Pyrénées) était dans le Vicbilh, compris lui-même dans la vicomté de Béarn. Il est également notoire que Castelnau (Hautes-Pyrénées), et Plaisance (Gers), dans le Pays de Rivière-Basse, dépendaient d'abord du comté de Bigorre.

Ainsi, par exclusion, nous trouvons que l'Armagnac primitif était circonscrit dans des limites en dehors desquelles se trouvaient Espas, Manciet, Eauze, Castelnau-d'Auzan, le Gabardan, le Marsan, Garlin, Castelnau-Rivière-Basse, et Plaisance.

Voici maintenant la contre-preuve. — Elle consiste dans l'inclusion du même territoire, toujours considéré comme comté primitif d'Armagnac.

Du côté du nord, diverses chartes du xie siècle, contenues dans le cartulaire encore inédit de Saint-Mont, attribuent au comté d'Armagnac Miranes en Lasserrade, Pouydraguin, Margouët, et Sainte-Christie. L'original du cartulaire de Saint-Mont, appartient à M. le vicomte de Corneillan qui, m'a-t-on dit, ne le communique pas volontiers. Par bonheur, il en existe une copie chez M. Maumus, avocat à Mirande (Gers), et M. l'abbé Breuils en a tiré un duplicatum.

A l'aspect du levant, ledit cartulaire constate que Le Houga, Lupé, Violes, Cousset (plus tard érigé en bastide sous le nom de Barcelone, aux portes d'Aire), Bernède, Lannux, et Projan, étaient dans le comté d'Armagnac.

Même témoignage, résultant aussi de bon nombre d'autres vieux documents, en ce qui concerne la limite méridionale. De Maumusson,

[1] Léon CADIER, *États de la Sénéchaussée des Lannes.*
[2] Abbé CAZAURAN, *Monguilhem et Toujouse,* 223.

l'Armagnac prenait Riscle et Termes[1], où se fixa de bonne heure une branche cadette de la maison d'Armagnac.

Il importe ici de faire observer, qu'à l'est la limite de l'Armagnac était naturelle, et qu'elle se confondait tout à fait avec le cours de la Douze, depuis, et non compris Saint-Pierre-d'Aubezies, qui était dans le comté de Pardiac, jusqu'à Ayzieu, paroisse englobée dans la vicomté de Marsan et dans le diocèse d'Aire. Ainsi, la Douze laissait sur sa rive droite, avec Séailles, Manciet, et Campagne, l'Auzan ou Eauzan, compris alors dans le Fezensac, et sur sa rive gauche, avec Castelnavet, Aignan, Margouet, Cravencères, Sainte-Christie, et Bourgouignan. Il en était de même du primitif comté d'Armagnac. On retrouvait encore, vers le nord, une limite naturelle assez marquée dans le cours du Midou, entre Monbrun en Armagnac, d'une part, et Maupas et Monguilhem en Marsan, de l'autre.

Telle est la consultation dont M. l'abbé Breuils a bien voulu m'assister. J'ai contrôlé de mon mieux cette doctrine absolument nouvelle, et je confesse de grand cœur qu'à l'heure présente je ne vois pas encore une seule objection à produire. Admettons donc, avec mon cher confrère, que le primitif comté d'Armagnac était inclusivement borné comme suit : 1° A l'est, Castelnavet, Aignan, Margouët, Averon, Cravencères, Sainte-Christie, Bourrouilhan ; 2° Au nord, Bourrouilhan, Panjas, Mouguilhem ; 3° A l'est, Le Houga, Lupé, Vergoignan, Barcelone, Bernède, Ségos, Projan ; Au sud, Verlus, Viella, Maumusson, Riscle, Termes, Pouydraguin. Cela équivaut : 1° Au canton de Nogaro (Gers), moins Manciet, Espas, Sauboire, Monguilhem, et Toujouse ; 2° à Bourrouilhan, Salles, et Panjas, dans le canton de Cazaubon (Gers) ; 3° au canton de Riscle (Gers), tout entier ; 4° au canton d'Aignan (Gers), moins Saint-Pierre d'Aubézies, et Lupiac ; 5° à Lasserrade et Maumusson, dans le canton de Plaisance (Gers) ; 6° à Serron, dans le canton d'Aire (Landes).

Or, c'est là exactement l'archidiaconé d'Armagnac, tel que permettent de le reconstituer des pouillés auscitains des XIV° et XV° siècles, que nous a conservés le Livre Rouge du Chapitre d'Auch, aujourd'hui conservé aux Archives départementales du Gers. Identifions donc le comté d'Armagnac primitif avec l'archidiaconé de même nom.

Au reste, ce comté ne s'étendit jamais plus loin. Sans doute, ses suzerains augmentèrent beaucoup leurs possessions. Mais le fief

[1] *Cartul. de Saint-Mont.*

dont s'agit demeura toujours le même. Le mot *Armaniacus*, ou *Armaniacum*, dans les textes officiels du moyen-âge, et même jusque vers la fin du xvɪᵉ siècle, désigne toujours l'Armagnac primitif. Voilà pourquoi les comtes avaient soin, dans l'énumération de leurs titres, de distinguer toujours l'Armagnac, berceau de leur maison, des autres fiefs de leur patrimoine. Avant tout, ils s'intitulaient comtes d'Armagnac, et puis comtes de Fezensac, de Pardiac, vicomtes de Lomagne, etc.

L'annexion des pays limitrophes du comté d'Armagnac au patrimoine de ses suzerains est bien connue.

Vers 1150, la lignée des comtes de Fezensac s'étant éteinte dans la personne de Béatrix de Fezensac, leur héritière, morte sans postérité, son avoir passa au plus proche parent de la défunte, à son cousin germain Bernard IV, comte de Fezensac, et désormais aussi d'Armagnac. Bernard VI (1280-1312), acquit le pays de Rivière-Basse, par son mariage avec Mathe, fille du vicomte de Béarn, qui était aussi comte de Bigorre. Jean Iᵉʳ, leur fils, obtint, par sa mère Mathe de Béarn et Bigorre, la partie du diocèse d'Aire qui se rapprochait le plus de l'Armagnac primitif. Le territoire alors annexé s'étendait d'Estang à La Bastide, avec Mauléon et les paroisses voisines de l'ancien diocèse d'Aire. Il formait un petit pays à part, connu sous le nom de baronie de Mauléon ou d'Auzan. Cet agrandissement s'explique sans peine par ce fait, qu'à la famille de Mathe, mère de Jean Iᵉʳ, appartenaient, outre le Béarn et la Bigorre, les vicomtés de Marsan, Tursan, et Gabardan. Ce fut seulement après cette annexion que la partie du Marsan dont s'agit commença à porter le nom d'Armagnac. M. l'abbé Breuils m'en signale une preuve dans le nom même de la ville de La Bastide, qu'un pouillé du diocèse d'Aire datant de 1326 désigne encore sous le nom de Villefranche, à lui donné par ses récents fondateurs. Mais, vers la fin du xivᵉ, et surtout au xvᵉ siècle, l'ancienne Villefranche n'est plus connue que sous l'appellation, jusqu'à ce jour persistante, de La Bastide-d'Armagnac. Cependant, pour les cas royaux, le territoire que je me permets d'appeler Armagnac Marsanais, demeurait toujours compris dans la sénéchaussé des Lannes, prévôté de Saint-Sever, et il continua de relever des rois d'Angleterre, ducs de Guienne et de Gascogne, jusqu'à la bataille de Castillon (1453).

Au xvɪᵉ siècle, le nom d'Armagnac commence à être pris dans plusieurs acceptions. En face de cette pluralité d'appellations Armagnagaises, un nouveau nom prend naissance, celui de Bas-Armagnac, totalement inconnu auparavant. Il désigne l'Armagnac primitif, ou archidiaconé de même nom. Dès lors, le terme Armagnac, sans aucune addition, est réservé à la sénéchaussée dont Lectoure était le chef-lieu. Notons aussi la dénomination d'Armagnac viticole, qui ne semble pas antérieure au xviie siècle, et qui s'étend à plusieurs régions limitrophes, non comprises par conséquent dans l'Armagnac primitif. Par Armagnac viticole, on désigne aujourd'hui communément une partie de l'Armagnac primitif ou Bas-Armagnac du xvie siècle, depuis Sainte-Christie, Nogaro, Arblade, Lanne-Soubiran, Violes, Lupé, jusqu'au Houga, Mormès, Monlezun, Panjas, Salles, et Bourrouilhan. Il englobe quelques paroisses de l'ancien archidiaconé d'Auzan, dans l'ancien Fezensac, par Manciet et Campagne. Il pénètre aussi dans la partie du Marsan primitif, ajoutée à l'Armagnac durant le xive siècle, par toutes les communes de cette région qui s'étendent depuis Toujouse, Monguilhem, Castets, Maupas, Estang, Lias, et Ayzieu, jusqu'à la limite des pins. Il entre dans la baronnie de Mauléon et Auzan, par Cazaubon et les nombreuses paroisses de son ancienne juridiction. De là il gagne l'ancien pays de Gabardan, par les communes du Parlebosq, et l'ancienne vicomté de Juliac.

Ainsi, l'Armagnac viticole ou Bas-Armagnac, est fort loin de s'identifier avec l'Armagnac primitif. Dans le premier, il existe deux divisions connues, parmi les bouilleurs de crû et les commerçants, sous les noms de Ténarèse et de Haut-Armagnac. La Ténarèse, qui tire son appellation de l'antique voie traversant toute cette région, comprend Eauze et presque tout l'ancien archidiaconé d'Auzan à l'est d'Eauze. Le Haut-Armagnac n'est autre que la partie de l'ancien Fezensac englobant les archidiaconés de Vic, Pardailhan, Savanès, et Anglès. Au reste, ni la dénomination de Ténarèse, ni celle de Haut-Armagnac, ne sont anciennes. On m'a certifié qu'elles avaient été introduites dans l'usage par feu Dumon, négociant en eaux-de-vie de Pont-de-Bordes, près Lavardac (Lot-et-Garonne). Ce Dumon est mort sous le règne de Louis-Philippe.

Le lecteur me pardonnera, je l'espère, d'avoir grossi de ces indications viticoles les renseignements relatifs à l'Armagnac féodal. Force gens établissent à ce sujet une regrettable confusion, et M. l'abbé Breuils m'a fourni le moyen de la dissiper.

Pour toutes les raisons ci-dessus, il convient de réduire le comté primitif d'Armagnac aux paroisses bien connues de l'archidiaconé de même nom. De ce chef, le comté carolingien n'absorbait donc pas un territoire plus étendu. Toutes les adjonctions postérieures, tant vers le couchant que vers le nord, appartenaient au Comté de Grande Vasconie.

Ainsi, le comté carolingien de Fezensac ou d'Auch englobait tous les territoires qui constituèrent plus tard les comtés de Fezensac (définitivement réduit), d'Armagnac (primitif), d'Astarac, de Pardiac, ainsi que les vicomtés de Magnoac, et de Fezensaguet (moins la partie sise sur la côte gauche de l'Arrats). N'oublions pas les paroisses composant le Pays de Fites, par opposition à celles du Pays de Refites, dépendantes les unes et les autres de la jugerie de Rivière.— Certains ne pourraient me reprocher d'omettre le comté de Gaure. Mais l'origne de ce district, d'ailleurs peu étendu, ne remonte pas très haut dans la période féodale, et il convient de le confondre dans le comté de Fezensac.

§ III. Comté de Vasconie Citérieure. — Ce comté apparait, dans les Annales de Saint-Bertin, sous la date de 836. Cette année-là, dit le chroniqueur, périt d'une horrible mort Azenar, comte de la Vasconie Citérieure. *Azenarius quoque Cilerioris Vasconiæ comes, qui aliquot annis à Pippino desciverat, horribili morte interiit* [1]. Mais le biographe de Louis le Débonnaire parle aussi d'un comte Azenar, et d'un autre comte nommé Ebles, qui, par ordre de Louis le Débonnaire, entreprirent au-delà des Pyrénées, vers Pampelune et son territoire, une expédition militaire dont l'issue fut malheureuse. Cette expédition remonte à 824 [2]. Or, la critique a dès longtemps prouvé que l'Azenar nommé dans les deux textes n'est qu'un seul et même personnage. Le comté de Vasconie Citérieure existait donc en 824, et je ne vois pas de raison pour n'en point faire remonter la création jusqu'à l'origine du royaume d'Aquitaine.

Au couchant, ce comté était baigné par la mer. Vers le nord, sa limite approximative devait être le cours inférieur de l'Adour, qui le séparait du comté de Grande de Vasconie. A l'aspect du levant, j'estime que la Vasconie Citérieure devait s'étendre jusqu'à la limite occidentale du comté de Bigorre. Nous ne trouvons, en effet, à cet aspect, aucun comté féodal remontant à une date reculée, mais seulement des vicomtés d'origine ancienne, et d'importance suffisantes, lesquelles ne sont, selon toutes les apparences, que des

---

[1] *Ann. Bertin.*, ap. Bouquet, vi, 198.
[2] *Vit. Ludov. Pii Imperat*, ap. Bouquet, ii, 106.

vigueries transformées. Voici l'ordre de ces fiefs, en marchant de l'est à l'ouest, sur le versant nord des Pyrénées : 1° la vicomté de Béarn, qui avait absorbé de bonne heure les vicomtés d'Aspe, et d'Oloron (plus les vallées de Barétous et de Josbaig), et une portion de la vicomté de Dax ; 2° la vicomté de Soule, dont l'origine est connue ; 3° la vicomté de Baïgorry, dans la Navarre cispyrénéenne ; 4° la vicomté de Labourd, qui englobait tout d'abord, et sans conteste, le pays d'Arberoue, compris plus tard dans la Navarre cispyrénéenne.

A ces divers territoires, je crois qu'il faut encore ajouter, toute la portion de la vallée de la Bidassoa, sise sur la rive gauche de ce petit fleuve, et correspondant aux archiprêtrés de Bastan, de Lérin, et de Cinco-Villas, compris dans le diocèse de Bayonne jusqu'au temps de Philippe II, roi d'Espagne, sous lequel ils passèrent à l'évêché de Pampelune. Pour Oïhenart, la chose n'est pas douteuse. Il est vrai que cet érudit ne mentionne expressément que le Bastan. Mais l'ensemble de cette partie de son livre englobe aussi implicitement la vallée de Lérin, et le Pays de Cinco-Villas.

Invoquant, en effet, le passage précité du biographe de Louis le Débonnaire concernant le comte Azenar, passage d'ailleurs confirmé par la Chronique de Saint-Arnulphe de Metz, Oïhenart étend le comté de Vaconie Citérieure au sud de la Bidassoa, jusque et y compris le territoire qui s'étend entre le Labourd et cette portion de la province de Guipuzcoa qui commence à l'église de Saint-Sébastien. Tel est, pour lui, le Bastan, compris plus tard dans la Navarre espagnole. L'auteur de la *Notitia utriusque Vasconiæ* ne doute pas que ce territoire avait formé, à une époque reculée, une vicomté dépendante du comté de Vasconie Citérieure. A l'appui de son dire, il se prévaut d'abord de ce fait que, dans la contrée dont s'agit, les vieilles formules judiciaires et les actes publics de la même époque sont rédigées, non pas en espagnol, mais en gascon, qui est un dialecte du provençal. J'ai personnellement contrôlé l'exactitude de cette assertion. Il est vrai qu'on parle basque sur l'une et l'autre rive de la Bidassoa. Mais cet idiome n'a jamais été employé pour les documents officiels. Oïhenart invoque ensuite le passage d'une lettre adressée vers 851 à Willesinde, évêque de Pampelune, par Euloge, évêque et martyr à Cordoue. Euloge y place dans les ports des Pyrénées les sources de l'Arago, cours d'eau qui passe à Pampelune. Voilà bien deux raisons décisives pour reculer les Pyrénées jusqu'au sud de la Bidassoa, et pour comprendre dans le comté carolingien de Vasconie Citérieure le territoire qui forma très probablement une vicomté, et qui constitua certainement les archiprêtrés de Bastan, de Lérin, et de Cinco-Villas. Le même annaliste se prévaut enfin de la charte dite d'Arsins, que l'on fait remonter à peu près à 980, et où sont désignés, notamment, comme faisant partie du diocèse de Bayonne, les vallées de Bastan (*Bazten item vallem*), de Lerin (*vallem quæ dicitur Larin*), et le Pays de Cinco-Villas (*terra que dicitur Enrnania et sanctum Sebastianum de Pusico*)[1]. Mais l'abbé Dubarat a ruiné l'autorité de cette pièce. Contentons-nous donc ici, des deux premiers arguments de Oïhenart, contre lesquels je ne vois rien à objecter.

Il n'en est pas de même pour deux passages du même auteur, dont le premier englobe dans la Vasconie Citérieure non seulement le Pays Basque Français (Labourd, Basse-Navarre, Soule), mais aussi le Béarn, le comté de Bigorre, et une partie du Comminges. Pour le démontrer, Oïhenart invoque des documents inattaquables, d'où il résulte notamment que les premiers rois d'Aragon exercèrent sur la Bigorre de véritables droits souverains. J'ajoute que la vallée d'Aran ne cessa jamais de leur appartenir, et que les rois de Navarre exercèrent une autorité pareille en deçà des Pyrénées, non seulement dans une partie de la Navarre gasconne, mais aussi sur le Labourd, la Soule, et le Béarn. Après Oïhenart, Marca, Moret, Risco, Polverel, ont mis en pleine lumière ce fait, pourtant ignoré de tous nos historiens du xixe siècle. Les érudits susnommés n'ont cependant pas indiqué la cause de ce partage de la souveraineté du versant nord des Pyrénées gasconnes entre les rois de Navarre et d'Aragon. La chose est pourtant bien simple. On sait que l'État Aragonais fut constitué, en 1035, aux dépens de l'État Navarrais. Chacun de ces royaumes prit alors, au-delà des monts, une portion correspondante du versant nord de la chaîne de montagnes. Auparavant, ce territoire appartenait donc tout entier aux rois de Navarre. Il faut me contenter ici de ces simples indications. Mais elles suffisent assurément pour montrer qu'Oïhenart, ici infidèle à sa bonne doctrine, n'avait pas le droit de comprendre dans la Vasconie Citérieure la Bigorre, et une partie du Comminges. Dans un autre passage, notre érudit compose le district dont s'agit du Pays Basque Français (ici réduit à la Navarre gasconne et à la Soule), du gouvernement (*prefectura*) de Bayonne, de celui (*prefectura*) de Béarn

---

[1] Oïhenart. *Not. utr. Vascon.*, 400-109.

et des vicomtés d'Orthe, et de Maremne[1]. Mais le fait est que ces deux vicomtés étaient englobées dans le plus récent diocèse de Dax, dans celui que limitait au sud le cours inférieur de l'Adour. Il faut donc les attribuer leurs territoires, au Comté de Grande Vasconie, et non pas à celui de Vasconie Citérieure.

Ainsi, composons le second de ces districts des futurs pays de Labourd et Arberoue, du principal de la Navarre cispyréenne, de la portion de la vallée de la Bidassoa sise au midi de ce cours d'eau, et, probablement aussi, de la vicomté primitive de Béarn, comme de celles d'Oloron et d'Ossau, plus la viguerie héréditaire d'Aspe, ainsi que des vallées de Baretous et de Josbaig. Excluons-en, au contraire, la portion de la vicomté de Dax représentée par Orthez et son territoire, qui ne fut acquise que plus tard par les suzerains béarnais. Je pourrais aussi présenter quelques objections sur les pays de Mixe et d'Ostabat, dépendances primitives de la vicomté de Dax, et rattachées plus tard à la Navarre. Mais ceci m'entraînerait beaucoup trop loin. Je réserve donc ces remarques pour une meilleure occasion.

§ IV. GRAND COMTÉ DES VASCONS. — Dès le début de ce paragraphe, j'ai hâte de confesser qu'aucun chroniqueur contemporain des rois d'Aquitaine ne signale, en propres termes, un Grand Comté des Vascons ou Comté de Grande Vasconie. L'expression *Major Vasconia*, apparaît pour la première fois dans le Cartulaire Noir de l'église d'Auch, rédigé postérieurement à 1356, et conservé aux Archives départementales du Gers, sous la cote G. 14. Oïhénart voit, à bon droit, dans ce district, le patrimoine plus spécial des ducs ou comtes féodaux de Gascogne, après la mort de l'un d'eux, qui vivait en 904. Je veux parler de Garcie-Sanche, dit le Courbé. Il est on ne peut plus certain que ce seigneur laissa ledit duché à son fils aîné Sanche-Garcie, et celui de Fezensac, avant tout démembrement, à son second fils Guillaume-Garcie. Oïhénart attribue à cette *Major Vasconia*, dont il fait *Vasconia Major*, les évêchés de Bazas, de Dax (après l'érection du diocèse de Bayonne), d'Aire, et de Lectoure. Dans le vaste territoire qu'il compose ainsi, notre érudit ne relève pas le nom d'un seul comté d'origine ancienne, mais simplement ceux des vicomtés de Lomagne, de Garbardan, de Marsan, de Dax,

---

[1] OÏHÉNART. *Not. utr. Vascon.*, 539 et 548.

2

de Tartas, de Tursan, de Louvigny, et de Juliac, auxquelles il ajoute
la vicomté de Bruilhois, et La Réole et son territoire dans l'évêché
de Bazas[1].

Évidemment, Oïhenart prétend désigner ici, je le répète volontiers,
la Gascogne ducale, après la distraction du Fezensac, le grand fief
que ses titulaires régissaient immédiatement pour partie, et médiate-
ment par les suzerains des vicomtés susnommées et autres. Et par titulaires du duché de Gascogne, je n'entends pas ici seulement Sanche Mitarra, et ses successeurs jusqu'à Bérenger (1036). J'entends aussi leurs
ayant-droit, les ducs de Guienne, et les rois d'Angleterre, en attendant les rois de France. Il demeure, d'ailleurs, bien entendu qu'après
la mort de Bérenger, l'ordre politique antérieur fut, à diverses dates,
modifié dans plusieurs de ses parties. N'importe. Dans la pensée
d'Oïhenart, nous sommes donc bien en face du véritable duché ou
comté féodal de Gascogne, tel qu'il exista depuis la mort de Garcie-
Sanche, dit le Courbé.

Or, le père de ce puissant seigneur dominait, non seulement sur le
duché ou Comté de Gascogne, mais aussi sur celui de Fezensac. Sanche Mitarra n'en avait pas obtenu davantage, vers 872, en
devenant duc de Gascogne. Néanmoins, nous savons déjà que le nom
de comté carolingien de Fezensac ou d'Auch passa au comté féodal
de Fezensac, et que l'un et l'autre étaient composés des mêmes
terres, sauf la restriction déjà formulée concernant le comté primitif d'Armagnac. Ainsi, nous sommes déjà autorisés à induire de
cet état de choses l'existence d'un comté carolingien que j'appelle
Grand Comté des Vascons. Or, nous rencontrons, dès 801, un texte
qui fait mention de ce vaste district.

En effet, le poète Ermold le Noir, racontant la diète alors tenue à
Toulouse par Louis le Débonnaire, et la discussion de l'entreprise militaire méditée contre les Sarrasins d'Espagne, fait mention d'un *Lupus
Santio*, prince des Vascons (*princeps Wasconum*), et serviteur dé-
voué de Charlemagne. Dans le récit d'Ermold le Noir[1], ce Loup
Sanche n'a d'égal que Guillaume, duc de Toulouse. (*Duxque Tolosana fatur Wilhelmus ab urbe*[2].) J'affirme ici, ce que j'estime avoir
déjà prouvé un autre mémoire, à savoir que ce Loup-Sanche (*Lupus
Santio*), était le fils de Lupus, duc bénéficiaire de Vasconie, qui
livra à Charlemagne Hunald, auteur de la révolte du sud-ouest de

---

[1] Oïhenart, *Not. utr. Vascon.*, 444.
[2] Id. Ibid., ap. Bouquet, vi, 15.

la Gaule en 769. Dans le poëme historique d'Ermold le Noir, le nom de *Sanilo Lupi* revient plus bas sous la simple forme de *Sanilo* [1]. Notez que ce seigneur est absolument distinct du comte de Fezensac en 801, je veux dire de Liuthard, mentionné lui-même dans le texte que j'utilise [2].

Ainsi, en 801, il y avait, dans le sud-ouest de la Gaule Franque, un *princeps Wasconum* distinct des comtes de Bigorre, de Fezensac, et de Vasconie Citérieure. Nous verrons qu'on ne peut donner à Sanché-Loup, le gouvernement de Comminges et du Couserans. Il faut donc forcément admettre que ce seigneur gouvernait la Basse-Vasconie, c'est-à-dire le territoire correspondant, en sa majeure partie, au comté ou duché féodal de Gascogne, en d'autres termes à la *Vasconia major*, sans y ajouter le comté carolingien de Fezensac. Le Sanché-Loup de 801 était donc pourvu d'un gouvernement très vaste. Voilà peut-être pourquoi Ermold le Noir, donne à ce personnage le titre de *princeps*, et pourquoi il en fait l'égal de Guillaume, duc de Toulouse.

Quant à l'étendue de ce territoire, j'admets, avec Oihenart, qu'il englobait les évêchés de Bazas, de Dax (après la création du diocèse de Bayonne), et d'Aire, plus une portion de celui d'Eauze (non détruit encore), et dont j'ai déjà indiqué l'étendue. L'auteur de la *Notitia utriusque Vasconiæ* ajoute à ces contrées La Réole et son territoire (*pagus Regulensis*), la vicomté de Lomagne, qu'il semble identifier avec le diocèse de Lectoure, et la vicomté de Bruilhois. Mais il m'est impossible d'accepter cette doctrine.

Et d'abord, il n'a jamais existé, au vrai sens du mot, un *pagus Regulensis*. Nous sommes, en outre, certifiés par mille preuves, que La Réole et son territoire ont toujours fait partie du diocèse de Bazas. Il y a donc ici double emploi, puisque Oihenart comprend d'ailleurs le diocèse de ce nom dans le Grand Comté des Vascons. Quant au

---

[1] Hæc rex. Atque Lupus fatur sic Santio contra,
  Sancio qui propriæ gentis agebat opus,
 Wasconum princeps, Caroli nutrimine fretus,
  Ingenio atque fide qui superabat avos.
ERMOLD. NIGELL., *De Reb. gest. Ludov. Pii*, ap. Bouquet, VI, 15.

[2] Parte sua princeps Vilhelm tentoria figit,
 Heripreth, Luithard, Bigoque, sive Bero,
 Santio, Libulfus, Hilthibret, atque Hisimbard.
ERMOLD. NIGELL., *De Reb. Gest. Ludov. Pii*, ap. Bouquet, VI, 18.

diocèse de Lectoure, à la vicomté de Lomagne, et à celle de Bruilhois,
je m'en expliquerai à suffisance dans les paragraphes suivants. Sur
la foi de ces promesses, attribuons donc au district carolingien dit le
Grand Comté des Vascons, un territoire équivalent aux évêchés de
Bazas, de Dax (réduit), et d'Aire. Ajoutons-y la portion du diocèse
d'Eauze, non comprise dans le comté carolingien de Fezensac, ni
dans le primitif et féodal comté d'Armagnac, équivalent à l'archi-
prêté de même nom.

§ V. Comté d'Agenais. — Presque tous nos géographes attribuent
l'Agenais, non pas à la Gascogne, mais à la Guienne. Cette doctrine
fondée ne m'empêchera pas de parler ici de ce pays. J'espère
qu'après avoir pris connaissance du présent paragraphe, le lecteur
ne me donnera pas tort.

Les *Nitiobriges* ou *Nitiobroges*, dont *Aginnum*, aujourd'hui Agen
(Lot-et-Garonne), était le chef-lieu, appartenait à la Gaule Celtique
durant l'époque autonome. Ce peuple s'étendait-il alors sur l'une
et l'autre rive de la Garonne? La doctrine commune est en faveur de
l'affirmative, et je l'ai longtemps professée. Après, et d'après bien
d'autres, je considérais que le diocèse primitif d'Agen, démembré
de celui de Condom en 1317, était coupé en deux par le fleuve.
A l'exemple de mes devanciers j'ai mal interprété un passage
de César, concernant le contingent de cavaliers amenés à Ver-
cingétorix par Ollovicon, roi des *Nitiobriges*. Le voici : *cum magno
equitum suorum numero, et quos ex Aquitania conduxerat ad
eum venit* [1]. Ici, *suorum* désigne, sans conteste, les cavaliers levés
par le roi dans l'État dont il était le chef, et par lui mis en marche en
vertu de son autorité. Mais j'ai traduit *quos ex Aquitania conduxerat*
par « cavaliers tirés d'Aquitaine. » Or, *conduxerat*, au sens juri-
dique, désigne ici les cavaliers recrutés à prix d'argent. Ollovicon
amenait donc à César un corps de troupes composé en partie de mer-
cenaires venant d'Aquitaine (*ex Aquitania*), terme qu'il faut oppo-
ser ici au territoire réellement soumis au roi des *Nitiobriges*. Cela
témoigne bien, si l'on veut, d'une certaine influence d'Ollovicon en
dehors de son État; mais cela prouverait, en même temps, qu'aucune
portion de l'Aquitaine n'était soumise à son autorité. Par lui-même, le
texte précité n'indique en rien si le pays des *Nitiobriges* débordait ou
ne débordait pas sur la rive gauche de la Garonne.

---

[1] Caes. *Bell. Gall.* vii, 31.

Mais, d'autre part, César fait du cours de ce fleuve la frontière de l'Aquitaine autonome et de la Gaule Celtique : *Gallos ab Aquitania dividit Garumna flumen* [1]. Cette limite est, en général, considérée comme approximative, et je trouve qu'on a bien raison. Il est, en effet, prouvé que les *Bituriges Vivisci*, peuple celtique habitant le Bordelais s'étendaient sur l'une et l'autre rive du cours inférieur de la Garonne. Il est également démontré qu'en amont de ce peuple, les *Vasates*, ou gens du Bazadais, compris dans l'Aquitaine autonome étaient également établis des deux côtés du fleuve. Même certitude pour les *Tolosates* ou populations du Toulousain, englobées dans la Narbonaise. De cette province, dépendirent aussi, de bonne heure, les *Convenœ* ou gens du Comminges, annexés sous le règne d'Auguste, en même temps que les *Consoranni* ou gens du Couserans, à l'Aquitaine primitive, augmentée en outre de quatorze autres peuples établis entre la Garonne et à Loire. Or, il est certain que les *Convenœ* occupaient l'une et l'autre rive du cours supérieur de la Garonne, qui prenait sa source dans une vallée de leur pays, la vallée d'Aran, devenue depuis longtemps espagnole.

Ainsi, selon la spirituelle observation que me faisait à ce propos M. l'abbé Breuils, la Garonne, indiquée par César comme limite de l'Aquitaine et de la Gaule Celtique, n'aurait été nulle part la véritable ligne divisoire de ces deux régions. La chose est bien difficilement admissible. Or, comme nous avons la preuve que partout ailleurs la Garonne ne formait pas la véritable frontière, il est probable que l'assertion de César reste vraie une fois au moins, et ce ne peut être qu'au sujet des *Nitiobriges*.

Telles sont mes raisons actuelles de douter au sujet de l'étendue du domaine de ce peuple représenté, durant la domination romaine, par la cité des *Nitiobriges* du Haut-Empire, et par la *civitas Agennensium* du Bas-Empire. Aucun document de cette époque ne témoigne que ladite cité débordât ou ne débordât pas sur la rive gauche de la Garonne. Il est vrai que la première hypothèse aurait pour elle la doctrine bien connue qui identifie le territoire des diocèses primitifs avec celles des *civitates* du Bas-Empire. Mais on sait que, dans la pratique, cette théorie soulève, pour notre Sud-Ouest, maintes et graves objections.

Quoi qu'il en soit, et supposé que le domaine des *Nitiobriges* et de la *civitas Aginnensium*, comprise dans la province de *Secunda Aqui-*

---

[1] CÆS. *Bell. Gall.*, 1, 1.

tanica, fut limitée au Sud par la Garonne, je vais proüver qu'il n'en était plus ainsi dès 680, et sans rien préjuger des temps antérieurs, pour le diocèse primitif d'Agen.

La charte dite de Nizezius, rédigée vers 680, place le *rivus Oppinione*, c'est-à-dire l'Auvignon, *in pago Aginnensi* [1]. Or, l'Auvignon, affluent de la Garonne (rive gauche), traverse, dans son cours inférieur, l'ancien évêché de Condom.

Voilà la première preuve. La seconde, suivant l'ordre des dates, est un passage de la Chronique Saxonne, où nous voyons qu'en 828 il tomba une pluie de grains dans la portion de l'Agenais sise au-delà de la Garonne : *Ferunt in regione Vasconiæ trans Garumnam fluvium, in pago Aginnensi annonam de cœlo pluisse* [2]. Ici, *trans Garumnam* désigne, et sans conteste, la rive gauche de la Garonne, car le chroniqueur, homme du Nord, regarde vers le Midi.

Entre 828 et 1317, date de l'érection du diocèse de Condom, les preuves surabondent, concernant la persistance de cet état de choses.

Ainsi, nous avons la preuve que, dès 680 tout au moins, la cité épiscopale d'Agen s'étendait déjà sur les deux rives de la Garonne. Parmi les prélats qui souscrivirent au concile de *castro Garnomo*, tenu entre 670 et 673, figure Siboald, évêque d'Agen, (*Siboaldus, Aginnensis urbis, episcopus*). Le nom de cette cité épiscopale, *Aginnensis (civitas)*, se trouve en outre dans la description de la *Guasconia*, ou duché bénéficiaire d'Aquitaine, fournie par le Cosmographe anonyme de Ravenne. Cette description date de la basse époque mérovingienne. Donc, et dans une mesure que je ne veux pas exagérer, il est déjà présumable que ladite cité devint un comté carolingien. Mais poursuivons.

Le diplôme précité de 817 portant donation de certaines terres par Louis le Débonnaire, en faveur de l'abbaye de Sorèze, nomme dans l'Agenais (*in pago Agennesea*, sic) les villas d'*Alamannis* et de *Modalineus* [3]. Ici, *Modalineus* est évidemment écrit pour *Modalineus*, aujourd'hui représenté par Madaillan. Il existe, en Agenais, trois localités de ce nom. Celle dont il est ici question devint plus tard une

---

[1] *Hist. génér. de Languedoc*, II, *Preuves*, 42-45.

[2] *Chron. Saxon.*, op. Bouquet, VI, 221.

[3] In pago Agennesea (*sic*) villas quæ dicuntur Alamannis et Modalineus, cum ecclesiis que ibidem sunt in honorem Sanctæ Mariæ et Sancti Sulpitii constructæ. Dom BRUGELES, *Chron. eccl. du Dioc. d'Auch*, *Preuves de la Seconde Partie*, 42.

des baronnies les plus importantes de l'Agenais. Elle n'existe plus comme paroisse distincte, et le château baronnal a dès longtemps disparu. Il se trouvait dans la commune actuelle de la Sauvetat-du-Dropt (canton de Duras Lot-et-Garonne), qui est tout proche de l'ancien *Alamannis*, aujourd'hui Allemans-du-Dropt (canton de Lauzun, Lot-et-Garonne). L'une et l'autre, je le répète, étaient englobées dans le *pagus* Agenais. Or, j'ai démontré plus haut que, dans le même document *pagus Auxensis* désigne bien le comté carolingien d'Auch ou de Fezensac. Il s'agit donc bien ici du comté carolingien d'Agenais.

Parmi les comtes de ce district, presque tous les annalistes nomment Ermiladius. D'après eux, ce personnage serait fils d'Artalgarius, comte des Marches de Gascogne, inhumé au monastère d'Alaon, en Catalogne, l'an 835. Cet Ermiladius aurait eu pour frère Wandregisille ou Wandrille, parent de Charles le Chauve, fondateur dudit monastère en 835, etc. Mais toutes ces assertions ne reposent que sur la charte notoirement apocryphe d'Alaon.

D'après Adhémar de Chabannes, Wulgrin était comte de Périgord, d'Angoulême et d'Agenais, en 866[1]. Les auteurs de l'*Art de vérifier les dates*[2] en font un parent de Charles le Chauve, qui lui aurait donné lesdits comtés après la mort d'Emenon.

L'Agenais aurait formé la dot de sa femme Rogelinde, fille de Bernard II, comte de Toulouse, dot qu'il dût enlever de force à son beau-frère Guillaume, qui s'en était emparé[3]. Je ne sais où les auteurs de l'*Art de vérifier les dates* ont vu que Wulgrin était parent de Charles le Chauve, et que sa femme s'appelait Rogelinde. Mais ceci importe peu. Le principal est de savoir si nous pouvons nous fier ici au témoignage d'Adhémar de Chabannes. Tout en se divisant sur l'origine de Guillaume de Toulouse, le P. Le Cointe et Catel d'une part, et Marca de l'autre, s'accordent à voir en ce seigneur un comte de Toulouse. Là-dessus, je n'ai pas à prendre parti. Mais je constate que, contrairement aux pratiques bien connues du temps de Charles le Chauve, Adhémar de Chabannes nous présente une femme héritant en partie de l'autorité comme des biens de son père, et les portant

---

[1] Tenuit Wulgrinus principatum in his tribus civitatibus (Engolisma, Petragorium et Agennum), per XVII. annos. ADHEMAR. CABAN., *Chron.* ap. Bouquet, VII, 237.

[2] *Art de vérif. les dates*, t. x, de l'édit. in-8°, p. 166.

[3] Agennum quoque Wulgrinus habebat, quem assumens vindicavit propter sororem Willemi Tolosani quam in matrimonium acceperat. ADHEMAR. CABAN., *Chron.*, ap, Bouquet, 227,

en dot à son mari. Pour cette unique raison, je me refuserais donc à croire que Wulgrin ait été un comte d'Agenais. Et puis, rien ne prouve, d'ailleurs, que ce pays appartint alors aux comtes de Toulouse[1].

Il est, du reste, bien connu que la Chronique d'Adhémar de Chabannes, qui va du commencement de la monarchie à 1029, est entachée de bien des inexactitudes, sans préjudice des négligences, en matière de chronologie. Il n'est pas moins notoire que, jusqu'en 829, ladite chronique est tirée mot à mot de textes plus anciens. Notez, en outre, que cet écrivain naquit en 988, et mourut en 1027. Il n'a donc pas, pour le IXe siècle, l'autorité d'un contemporain.

Toujours d'après le même document, l'héritage de Wulgrin se serait partagé entre ses deux fils, dont l'un Halduin, aurait eu l'Angoumois, et l'autre Guillaume, le Périgord et l'Agenais[2]. Mais cette affirmation ne mérite pas plus de crédit que la précédente. On a dit que Guillaume aurait été dépouillé de ses terres par Ebles le Manzer, ou le Bâtard, comte de Poitou[3]. Mais où sont les preuves à l'appui de ces assertions?

Donc, le jeune, et d'ailleurs estimable auteur d'un travail assez récent sur Agen, aurait dû se montrer ici plus difficile dans le choix de ses autorités[4]. Mais les mauvais témoignages ne sauraient faire tort aux bons. Or, le diplôme précité de 817 atteste l'existence d'un *pagus Agennensis* ou comté d'Agenais. Par induction, nous pouvons encore fournir, une autre preuve, remontant aux premiers siècles de la période féodale.

Il existait, en effet, un comté féodal d'Agenais au temps de Guillaume-Sanche, duc ou comte de la Grande Gascogne, décédé vers 984. Le fait est prouvé par une épitaphe que je reproduis exactement ci-dessous[5].

---

[1] *Hist. génér. de Languedoc*, II, 232.

[2] Reliquit Wulgrinus filiis suis, Halduino quidem Engolismam, Willelmo vero Petragorium et Agennum. ADHEMAR. CABAN., *Chron.*, ap. Bouquet, VII, 227.

[3] SAINT-ALLAIS. *Hist. des Comtes de Périgueux* (édit. de 1836); p. 7; *Art de vérifier les dates* (édit. in-fol.), II, 375, col. 2.

[4] André DUCOM, *La Commune d'Agen*, 16-22.

[5] III IDVS NOVEMBRIS OBIIT
GVILELMVS COMES C...) AR
CHIO DVX GVASCONORVM
ET OBITVS GARSIE FRATR
IS EIVS COMITIS
AGENNENSIVM.   (OIHENART, *Not. utr. Vascon.* 428.)

Cette inscription, aujourd'hui perdue, se trouvait au Mas-d'Aire (Landes), dans le monastère de Sainte-Quiterie.

Oihenart, qui nous a transmis ce texte, est un de ces graves et honnêtes annalistes, dont il faut accepter tous les dires, quand ils ne portent que sur des questions de fait. Donc, il y avait, avant 904, un comté féodal d'Agenais appartenant à Garcie, frère de Guillaume, duc de Gascogne. Mais ici surgit une difficulté. Les comtes de Toulouse avaient aussi pris de bonne heure le titre de comtes d'Agenais. On n'en a de preuves expresses que depuis 1080, époque où nous voyons Guillaume IV se qualifier de duc de Toulouse, d'Albigeois, de Quercy, de Lodévois, de Périgord, de Carcassès, d'Agenais (*Agennensium*) et d'Astarac (*Astarachensium*)[1]. Mais Guillaume IV ne fut certainement pas le premier à faire ainsi. C'est pourquoi bon nombre d'annalistes n'hésitent pas à faire remonter aux comtes carolingiens de Toulouse l'origine de la prédominance féodale de la maison de Saint-Gilles sur la totalité de l'Agenais.

De cette théorie, j'estime qu'il y a beaucoup à rabattre.

Et d'abord, nous nous heurtons à l'épitaphe précitée attestant que, dès le Xe siècle, et sans rien préjuger des temps antérieurs, Garcie, frère de Guillaume-Sanche, duc de Gascogne, s'intitulait aussi comte d'Agenais : *comitis Agennensium*, dit inscription. Ainsi, les comtes de Toulouse ne dominaient pas alors sur tout le territoire dont s'agit. Le comte Garcie en avait une portion qui d'abord, et sans conteste, entra dans le patrimoine de la maison ducale de Gascogne, qui passa ensuite à ses ayant-droit, les ducs de Guienne, et au roi d'Angleterre par le mariage d'Éléonore de Guienne avec Henri, comte de Poitou (1151). Il est vrai que, dès 1148, Raymond V, comte de Toulouse, éleva sur l'Agenais des prétentions assez connues pour que je n'aie pas besoin d'insister à ce sujet. Mais cela montre bien que le réclamant ne possédait qu'une partie du pays dont s'agit. Ce seigneur fit, dit-on, en faveur des églises d'Agen et de Condom, des libéralités inspirées peut-être par l'intérêt politique. Son fils Raymond VI épousa Jeanne, sœur de Richard Cœur de Lion, qui lui apporta en dot l'Agenais (1196). Auparavant, ce pays n'appartenait donc pas tout entier ni aux rois d'Angleterre, ayant-droit des ducs de Gascogne et de Guienne, ni aux comtes de Toulouse. Il se partageait entre eux dans la proportion suivante. A la maison de

---

[1] *Hist. génér. de Languedoc.* VI, 648-649.

Saint-Gilles, la suzeraineté de la vicomté de Lomagne et Auvillars, avec son annexe la primitive et importante seigneurie de Fimarcon. En traitant de la Gascogne Toulousaine, je fournirai la preuve de ce fait, qui limite par conséquent l'influence des comtes de Toulouse. Tout le surplus de l'ancien comté carolingien d'Agenais, qui d'ailleurs confinait du couchant à celui du Grand Comté des Vascons, passa donc aux ducs de Gascogne savoir: 1° Toute la partie de l'Agenais sise sur la rive droite de la Garonne; 2° De l'autre côté du fleuve, les pays ou archiprêtrés de Filoubon, de Villandraud, et de Cayran, compris d'abord dans le diocèse d'Agen, et dans celui de Condom à dater de 1317. Nous verrons bientôt ce qui advint pour la vicomté de Bruilhois.

Cette division de l'ancien comté carolingien d'Agenais entre les ducs de Guienne, ayant-droit de ceux de Gascogne, et la maison de Saint-Gilles, finit en 1096, époque où Raymond VI, comte de Toulouse, épousa Jeanne, sœur de Richard Cœur de Lion, roi d'Angleterre et duc de Guienne. Jeanne, affirment certains annalistes, apporta tout l'Agenais en dot à son mari. Mais nous avons déjà provisoirement déterminé, pour ce pays, la part de la maison de Saint-Gilles. Jeanne ne fut donc dotée que de l'autre portion, de celle que les rois d'Angleterre tenaient de la maison ducale de Gascogne, par l'intermédiaire de celle de Guienne. Voilà comment fut reconstitué l'Agenais, dont on distingua désormais la vicomté de Bruilhois, et celle de Lomagne et Auvillars, avec son annexe le Fimarcon. L'Agenais, ainsi réduit, demeura dans le patrimoine des Saint-Gilles, passa ensuite à Alfonse IX, comte de Poitiers, et aux rois de France, qui le cédèrent à ceux d'Angleterre par le traité de Brétigny (1360). Mais il revint à la Couronne après la ruine de la domination anglaise.

Reste à parler de la vicomté de Bruilhois, sur laquelle j'ai fourni jadis une notice spéciale [1]. Je me bornerai à rappeler ici que, dès la seconde moitié du xe siècle, le Bruilhois fut tenu en fief des évêques d'Agen jusqu'en 1317, et ensuite des évêques de Condom par les vicomtes de [Béarn ou leurs ayant-droit. Impossible d'assigner une date précise à la suzeraineté de ces prélats. Furent-ils soumis euxmêmes à la maison ducale de Gascogne, ou à celle de Saint-Gilles,

---

[1] BLADÉ, *Notice sur la vicomté de Bezaume, le comté de Benauges, les vicomtés de Bruilhois et d'Auvillars, et les pays de Villandraut et de Cayran.* — Cette publication a besoin d'être complétée, et même rectifiée, sur quelques points d'importance secondaire.

quand le territoire équivalent à l'ancien comté carolingien d'Agenais
était depuis longtemps partagé entre ces puissar..s feudataires? Là-
dessus, aucun texte précis ne nous renseigne. Il est néanmoins à
croire que les évêques d'Agen se firent de bonne heure une situation
fort avantageuse, au point de vue féodal. Dans l'hypothèse contraire,
on ne peut expliquer, en effet, qu'ils eussent inféodé, au xɪᵉ siècle, sans
protestation des ducs de Guienne et de Gascogne ou des comtes de
Toulouse, la vicomté de Bruilhois à Hunald, issu de la maison de Béarn.
Voilà pourquoi, dans le démembrement primitif et féodal du comté
carolingien d'Agenais, il serait téméraire de reculer l'influence des
comtes de Toulouse du côté de l'Ouest, plus avant que la vicomté de
Lomagne, et la seigneurie de Fimarcon qui en est une incontestable
dépendance. Voilà pourquoi, en attendant un nouvel ordre de choses, il faut attribuer aux ducs de Gascogne tout le surplus dudit
comté, c'est-à-dire l'intégralité de l'Agenais situé sur la rive droite
de la Garonne, et sur la rive gauche les territoires représentés par
les futurs pays ou archiprêtrés de Filoubon, de Cayran, et de Villandraud, dont la composition est bien connue [1]. Or, entre la Lomagne,
dépendante des comtes de Toulouse, et les pays susnommés, se
trouve précisément la vicomté de Bruilhois, qui releva d'abord des
évêques d'Agen, et ensuite de ceux de Condom. Les premiers exerçaient en outre, dans leur ville épiscopale et juridiction des droits
fort étendus. D'abord seigneurs uniques d'Agen, ils descendirent, en
1217, à la condition de paréagers. Ces prélats battaient incontestablement monnaie. Ils exerçaient ou réclamaient en outre d'autres
droits désignés par le mot *comitatle*, sur lequel Loisel, Darnalt,
Pithou, Du Cange, Argenton, Labrunie, Saint-Amans, l'abbé Barrère, et
M. André Ducom, ont copieusement disserté. Pourtant, la question
reste toujours ce qu'elle était à l'origine. Avant tout, il faudrait ici

---

[1] V. Bibliothèque Nationale, Fonds Latin, 9.934. C'est un compte de
subsides levés pour le pape dans les diocèses composant l'archevêché de
Bordeaux en 1326. La description par paroisses des archiprêtrés de Cayran,
Bruilhois, Fimarcon, Filoubon, et Villandraud, autrement dit du diocèse
de Condom, créé en 1317, est de la plus haute importance. Ce compte de
subsides a été imprimé dans les *Archives historiques de la Gironde*, xɪx,
187-241. Mais cette publication atteste une si complète inintelligence de la
géographie historique, elle fourmille de tant et tant d'erreurs, et notamment en ce qui concerne le diocèse de Condom, qu'il est on ne peut plus
prudent de considérer ledit texte comme toujours inédit.

procéder à l'examen de l'authenticité des diverses chartes invoquées
en faveur du droit de comitalie. Cette besogne surpasse, à mon avis,
et de beaucoup, les forces réunies de tous les annalistes actuels de
l'Agenais. C'est confesser assez haut combien je suis heureux qu'elle ne
soit pas à ma charge. D'ailleurs, nul n'a jamais songé à présenter la comitalie comme remontant à l'époque carolingienne, mais bien comme
un droit d'origine féodale. Ici, le problème est donc de nul intérêt.
Si j'ai cru devoir en parler, c'est uniquement pour prémunir le lecteur contre toute confusion à ce sujet.

De toutes ces considérations, et à la charge d'acquitter ma promesse concernant la région prise par les comtes de Toulouse dans le
partage de l'Agenais carolingien, je crois pouvoir, sans témérité,
composer ce district du diocèse primitif d'Agen, et de celui de Lectoure.

§ VI. GASCOGNE TOULOUSAINE. — Il ne s'agit pas ici d'un comté
carolingien, mais d'un territoire fort mal étudié jusqu'à ce jour par
tous mes prédécesseurs. Cette portion du présent mémoire a donc,
par cela seul, son utilité intrinsèque. Elle a de plus l'avantage de me
mettre à même de m'expliquer, avec preuves à l'appui, sur certaines
questions déjà tranchées provisoirement, par voie d'assertions gra-
tuites, dans certains paragraphes du présent mémoire.

Ofhenart comprend dans la Gascogne Toulousaine (*Guasconia Tho-
losana*), le comté de l'Isle-Jourdain (*Comitatus Insulæ Jordani*), la
vicomté de Gimoëz (*Vicecomitatus Gimoesii*), la portion de la vicomté
de Fezensaguet située sur la rive droite de l'Arrats et dans le
diocèse de Toulouse (*Vicecomitatus Fezensaguelli, quæ citra
Ratzicum amnem, in diœcesi Pontificis Tholosani iacet*), la jugerie
de Verdun (*Ditio Verduni*), et les châtellenies de Muret et de Samatan (*Mureti ac Sammathani Castellaniæ*). Voici, d'après notre érudit, l'origine de cette dénomination.

Les Vascons montagnards de l'époque mérovingienne ayant conquis la Novempopulanie, s'étendirent finalement jusqu'à la Garonne,
et s'emparèrent du Condomois et du Bruilhois, qui sont des démembrements de l'Agenais. Ils se rendirent aussi maîtres d'une portion
du Toulousain. Ainsi s'explique, en 787, la révolte du Vascon Adeleric
contre Chorson, duc ou comte de Toulouse. Ces Vascons du Toulousain auraient été soumis par les successeurs de Chorson, et leurs

droits seraient ensuite passés à la maison de Saint-Gilles et à ses ayant-droit ou continuateurs [1].

Telle est la doctrine d'Olhenart concernant la Gascogne Toulousaine. — Ici, la grande et si souvent légitime autorité de cet érudit, m'oblige, par cela même, à une assez longue critique.

Et d'abord, j'ai déjà prouvé, dans mon mémoire sur *Les Ibères*, que jamais les véritables Vascons ou Basques cispyrénéens n'ont conquis, entre 587 et le premier quart du VII° siècle, tout le surplus de l'ancienne Novempopulanie jusqu'à la rive gauche de la Garonne. Sur ce point, les critiques autorisés m'ont donné raison. L'opinion des autres m'est indifférente. Il est donc encore moins admissible que lesdits Vascons se soient jamais emparés de la portion occidentale du Toulousain contiguë au duché bénéficiaire de Vasconie, tel qu'il exista certainement de 602 à 769, et peut-être à 778. Mais ici, Olhenart ne commet pas seulement une erreur matérielle. Je dois relever encore, à sa charge, une faute de raisonnement. Comment admettre, en effet, que si les Basques cispyrénéens avaient pu réellement enlever aux comtes bénéficiaires de Toulouse la portion occidentale de leur gouvernement, ils se seraient trouvés en même temps assez faibles pour être soumis par Chorson, par son successeur Guillaume, etc., dont les avantages seraient ensuite passés à la maison de Saint-Gilles et à ses ayant-droit? Olhenart admet en outre, et bien à tort, qu'en 787, le Vascon Adeleric lutta les armes à la main contre Chorson, duc ou comte de Toulouse. J'ai déjà prouvé, dans un précédent mémoire, qu'Adeleric s'empara tout bonnement de ce seigneur, en lui tendant un piège, dans la portion occidentale du Toulousain que nous allons retrouver durant l'époque féodale sous le nom de *Vasconia* [2].

Poursuivons.

Olhenart comprend d'abord dans la Gascogne Toulousaine le comté de L'Isle-Jourdain. Or, l'*Histoire générale de Languedoc* atteste surabondamment qu'avant d'être érigée en comté par Phi-

---

[1] OIHENART, *Not. utr. Vascon.* 531-534.

[2] Dans ma récente brochure sur *Le Sud-Ouest de la Gaule Franque au temps des rois d'Aquitaine*, j'ai désigné la partie orientale du comté carolingien de Fezensac comme le théâtre de la révolte du 787. Pour toutes les raisons que je vais fournir ici, j'aurais mieux fait d'indiquer comme le théâtre de cette rebellion, la véritable Gascogne Toulousaine, c'est-à-dire la portion du Toulousain confinant vers l'Ouest au Fezensac.

lippe-le-Bel, cette importante seigneurie se forma graduellement,
par l'acquisition de bon nombre de terres toutes situées dans le diocèse primitif de Toulouse, dont les démembrements sont bien connus. Il est aussi fort notoire que, vers 1410, le comté de l'Isle-
Jourdain passa à la maison d'Armagnac.

Dans la Gascogne Toulousaine, Oïhenart englobe ensuite la vicomté
de Gimoëz. Le premier des suzerains connus de cette terre est For-
tun-Guillaume (*Forto-Guillelmus vicecomes*), qui abandonna, durant
le mois de février 1015, à l'abbaye du Mas-Grenier, l'alleu de Noñes
(*alodem quem vocant Anonas*) situé au bord de la Garonne, près de
Grandselve [1]. La baronnie de Terride et la vicomté de Gimoëz passèrent plus tard à la maison de Lomagne. Elles appartenaient, au
XVᵉ siècle, à Odet II de Lomagne, seigneur de Fimarcon, marié en premières noces, le 29 octobre 1475, avec Catherine de Cardaillac. Ce seigneur est aussi qualifié de vicomte, par rapport au fief de Terride. Il
est d'ailleurs bien prouvé qu'au XVIᵉ siècle, on distinguait déjà nette-
ment la vicomté de Terride de celle de Gimoëz. Et puisqu'Oïhenart croit
devoir attribuer la seconde à la Gascogne Toulousaine, pourquoi donc
ne lui donne-t-il pas aussi la première ? Il est d'ailleurs abondamment
démontré que l'une et l'autre faisaient partie de la judicature ou jugerie de Verdun, comprise elle-même dans la sénéchaussée de Toulouse. Sur cette jugerie, M. Charles de Saint-Martin a publié une
notice absolument remarquable [2], dont les spécialistes ne l'ont aucunement remercié. Je ne puis ici que protester, en passant, contre
cette injustice. Or, la jugerie de Verdun, et par conséquent les vicomtés de Gimoëz et de Terride, qui en dépendaient, n'ont jamais cessé
de relever de la maison de Toulouse et de ses ayant-droit. Oïhenart
a donc tort de distinguer ladite jugerie de la vicomté de Gimoëz. Et
puis, même en nous plaçant à son point de vue, jamais la judicature
de Verdun n'a cessé de faire partie du Toulousain. Elle a relevé jusqu'à la fin de la maison de Saint-Gilles et de ses ayant-droit

Dans le Toulousain, se trouvaient aussi, et sans conteste, les châtellenies de Muret et de Samatan. Il est vrai que, dès 1224 tout au moins,
les comtes de Toulouse avaient déjà donné Muret (*Villam Murelli*)

[1] *Hist. génér. de Languedoc*, IV, 587. La charte est imprimée au tome V,
363-364.
[2] CH. DE SAINT-MARTIN, *La judicature de Verdun avant son annexion à la
Guyenne*, dans les *Mémoires de la Société archéologique du Midi de la France*,
seconde série, t. XIII, 112-153.

en fief à ceux de Comminges[1]. Peut-être leur donnèrent-ils en même temps Samatan. Mais le fait est que c'est seulement en 1241 que nous voyons pour la première fois un comte de Comminges, Bernard VI, faire hommage à Raymond VII, comte de Toulouse, du château de Samatan (*castrum de Samathano*), en même temps que de celui de Muret (*castrum de Murello*)[2]. Ainsi, les deux châtellenies dont s'agit, tout en entrant dans les biens de la maison de Comminges, ne cessèrent jamais de faire partie du comté de Toulouse.

Nous verrons plus bas que la portion de la vicomté de Fezensaguet sise sur la rive droite de l'Arratz relevait aussi du même comté.

Mais alors, que peut donc bien, dans la pensée d'Oïhenart, signifier *Gascogne Toulousaine?* Il ne peut évidemment s'agir du patrimoine de la maison d'Armagnac en ce pays, car il se limitait au comté de l'Isle-Jourdain, et à ses dépendances. Pas davantage il ne saurait être question de ceux des vicomtes de Gimoëz, de ceux de Terride, et autres fiefs appartenant à des familles de moindre importance, issues de la maison de Lomagne et Auvillars, dont la vicomté était passée aux comtes d'Armagnac en 1311.

Ainsi, l'expression de *Gascogne Toulousaine*, telle que nous la trouvons d'Oïhenart, est absolument dépourvue de sens historique. Elle ne compte que comme un terme de géographie usuelle.

Il s'agit maintenant d'exposer à ce sujet mes recherches personnelles. Je les recommande tout particulièrement à la sévérité salutaire des spécialistes.

Malgré l'inadmissible doctrine d'Oïhenart, il n'en reste pas moins vrai que la maison de Saint-Gilles et ses ayant-droit étendaient leur autorité, tantôt immédiate, et tantôt suzeraine, sur les jugeries de Rieux, de Verdun, et de Rivière, comprises dans la sénéchaussée de Toulouse, sur le comté d'Astarac, sur la portion de la vicomté de Fezensaguet sise au levant de la rivière de l'Arrats, et sur la vicomté de Lomagne et Auvillars, avec son annexe la seigneurie de Fimarcon. Les vieux documents désignent assez souvent ces contrées sous le nom de *Vasconia*. Voilà pourquoi je trouve commode de retenir, pour le leur appliquer, le nom de *Gascogne Toulousaine.*

Parlons d'abord, et simultanément, des jugeries de Rieux, de Verdun, et de Rivière-Basse.

On sait que l'organisation judiciaire du Languedoc fut l'œuvre

[1] *Hist. génér. de Languedoc*, vii, 1297-1298.
[2] *Id Ibid.*, viii, 1076-1077.

d'Alfonse, frère de saint Louis et comte de Poitiers. A l'origine, la sénéchaussée de Toulouse ne comprit, outre la Viguerie, que les judicatures ou jugeries de Castelnaudary, de Lavaur ou Villelongde, de Toulouse, et de Rieux ou Gascogne. Cette dernière fut démembrée plus tard, et forma les jugeries de Rieux, Verdun, et Rivière. Celle de Rieux conserva quelque temps le titre de jugerie de Gascogne. Il en était encore ainsi l'an 1272, car parmi les témoins de l'enquête sur les limites du comté de Foix qui eut lieu à cette époque, on trouve le juge de Gascogne : *in præsentia et testimonio magistri Vitalis de Maurenchis, judicis Vasconiæ D. regis in senescalcia Tolosana* [1].

Dans un rôle de Francs-fiefs datant de 1277, elle revient sous l'appellation de *judicatura Vasconiæ versus Carbonam* [2].

La cause du démembrement de la jugerie primitive de Rieux gît dans ce fait, que les rois de France, ayant augmenté leurs possessions au-delà de la Garonne, le district dont s'agit se trouva désormais trop grand. On forma donc à ses dépens ceux de Verdun et de Rivière. La chose était déjà faite en 1297, car dans le paréage de Simorre, qui date de cette année-là on trouve parmi les témoins *magister Reymondus de Gauderiis, judex Ripariæ et vallis de Arano in partibus Vasconiæ dicti Domini nostri Regis* [3]. D'autre part, le paréage de Marciac, daté de l'année suivante (1298), est passé *in præsentia Joannis de Croseto illustrissimi D. regis Franciæ procuratoris in judicatura Ripariæ in partibus Vasconiæ* [4].

En voilà bien assez sur les jugeries de Rieux, de Verdun, et de Rivière. — Passons au comté d'Astarac.

Il est généralement admis qu'à la mort de Garcie-Sanche, dit le Courbé, duc de Gascogne (vers 920), son troisième fils, Arnaud-Garcie, dit Nonnat, recueillit dans la succession de son père le comté d'Astarac, dans lequel étaient alors compris la future vicomté de Magnoac, portée au xe siècle dans la maison comtale d'Aure, et le comté de Pardiac, créé vers 1025 au profit de Bernard, dit Pelagoz, troisième fils d'Arnaud, comte d'Astarac. Il semble donc que l'Astarac primitif, démembré du comté féodal de Fezensac, tel qu'il existait

[1] *Hist. génér. de Languedoc*, x, 88-93.
[2] *Archiv. Nation. J.* 308.
[3] MONLEZUN, *Hist. de la Gascogne*, vi, 241.
[4] Dom BAUGELEB, *Chron. ecclés. du dioc. d'Auch, Preuves de la seconde partie*, 27.

encore, vers 920, était compris dans le Fezensac carolingien. A l'appui de cette opinion, on peut invoquer en outre le diplôme précité de 817, où les villas de *Petra-Acuta, Exartigat, Marcellianus*, sont présentées, et sans conteste, comme comprises dans la portion du comté carolingien de Fezensac ou d'Auch, qui devint plus tard le comté féodal d'Astarac. Guillaume, dit Garcie recueillit bien ce grand fief de Fezensac dans la succession de son père Sanche le Courbé. Mais voici la difficulté, et j'invite le lecteur à me contrôler sans ménagements. En 1079 ou 1080, Guillaume IV, comte de Toulouse, s'intitulait déjà comte et duc du Toulousain, de l'Albigeois, du Quercy, du Lodevois, du Périgord, de l'Agenais et de l'Astarac *(in Agennensi et in Astairaco)* [1]. D'autre part, nous savons qu'un autre comte de Toulouse, Raymond VII, après avoir séjourné plus d'un an au-delà des Alpes, revint dans ses domaines, et reçut à Toulouse, le 13 novembre 1244 l'hommage que lui firent de tout le comté d'Astarac *(totum comitatum de Astaraco)*. Signis, veuve de Centulle I, suzerain de ce pays, et leur fils Centulle II encore jeune. Quelques jours après, le viguier de Toulouse se transporta en Astarac, pour y faire reconnaître le haut domaine du comte de Toulouse, ce qui eut lieu, en effet, à Castelnau-de-Barbarens (*Castrumnovum de Barbarens),* à Lasseube (*ad Selvam),* à Durban *(ad Durbanum),* à Moncassin *(ad Montemcassinum),* à Simorre (*ad Simorram),* où la bannière du suzerain fut arborée sur les remparts. J'ai hâte d'ajouter que rien de pareil n'advint pour le Magnoac et le Pardiac, démembrés de l'Astarac primitif.

Il importe ici de se souvenir, qu'en 1244 ces démembrements remontaient déjà assez haut. On a prétendu que, pour se faire rendre hommage, Raymond VII avait abusé de ce que Signis et son fils Centulle étaient hors d'état de lui résister. Il est prouvé qu'alors le comte de Toulouse convoitait le comté de Fezensac. Voilà pourquoi, l'année suivante (1245), et le 25 du mois de mars, il se fit céder par ladite Signis, et par Othon, vicomte de Lomagne (*de Lomannia),* tous leurs droits sur le comté et terre de Fezensac *(comitatu et terra Fezenciaci)* [2]. Pour comprendre le motif de cette cession, il importe de se souvenir que Bernard IV, comte d'Armagnac

---

[1] V. la charte de Guillaume VI, comte de Toulouse en faveur de l'abbaye de Saint-Pons, *Hist. génér. de Languedoc,* v, 648-649.
[2] V. les deux actes de cession dans l'*Hist. génér. de Languedoc,* viii, 1199-1200.

et de Fezensac, qui mourut vers la fin du xii° siècle, laissa quatre fils : Géraud IV, Arnaud-Bernard, Pierre-Géraud, et Roger. Géraud IV lui succéda, comme l'aîné, et mourut en 1229, laissant un fils nommé Bernard V, et une fille dont on ne sait pas le nom, laquelle épousa Arnaud-Othon, vicomte de Lomagne. Bernard V étant décédé sans postérité, en 1244, son cousin germain Géraud, fils de Roger, son oncle, prétendit lui succéder, à l'exclusion du vicomte de Lomagne et de Signis, comtesse d'Astarac, qui, hors d'état de résister, cédèrent leurs droits au comte de Toulouse. Il est permis d'induire de là que Signis devait être la sœur de Bernard V, comte d'Armagnac, puisqu'elle prétendait une part dans sa succession [1].

Ainsi, les prétentions du comte de Toulouse sur le comté de Fezensac n'avaient pour base que la cession de 1248. Mais il n'en était pas de même pour l'Astarac. En 1244, le comte de Toulouse ne se fait rien céder. Il reçoit purement et simplement l'hommage de Signis et de son fils. N'oublions pas d'ailleurs que, dès 920, Raymond II s'intitulait déjà comte d'Astarac. La suzeraineté de la maison de Saint-Gilles sur ce pays remonte donc plus haut que cette dernière date.

Mais à quelle époque, et pourquoi commença donc cette suprématie des comtes de Toulouse? Pour les raisons déjà dites, cette domination n'existait évidemment pas en 817. Tout porte à croire qu'elle à son origine vers 872, date de l'avènement de Sanche I⁰ʳ, dit Milarra, comme premier duc héréditaire de Gascogne. Il est prouvé à suffisance qu'à cette époque le royaume de Navarre débordait déjà sur presque tout le versant nord des Pyrénées gasconnes et les régions sous-jacentes. Sanche I⁰ʳ ne reçut donc alors qu'une portion de la Basse-Vasconie, et il ne transmit pas autre chose à ses descendants, à titre de duc de Gascogne. Mais quelle était cette portion? D'abord, les comtés carolingiens de Grande Vasconie, et de Fezensac, sur lesquels je me suis suffisamment expliqué. J'ai montré aussi comment les ducs de Gascogne et les comtes de Toulouse se partagèrent le comté carolingien d'Agenais. Il y avait donc là, au début, entre les deux maisons suzeraines, une rivalité qui dût s'apaiser de très bonne heure par une transaction de droit ou de fait. Chacune d'elles garda ce qu'elle pût. Il est impossible que les choses se soient passées autrement, en ce qui concerne le territoire qui devint ensuite le comté d'Astarac. Le duc de Gascogne, Garcie-

---

[1] *Hist. génér. de Languedoc*, vi, 778.

Sancho, dit le Courbé, exerçait évidemment sur ce pays une autorité qu'il transmit à Arnaud-Garcie, dit Nonnat, premier comte d'Astarac, vers 920. Mais les seigneurs de la maison de Saint-Gilles avaient alors, sur la même contrée, des prétentions sans lesquelles il est impossible d'expliquer pourquoi ils se qualifiaient de comtes d'Astarac, et se faisaient rendre hommage pour ce district. Voilà bien l'origine de leur suzeraineté. Quant à la forme qu'elle prit, ce ne pût être, tout bonnement, qu'un arrangement alors assez fréquent, et qui rappelle la recommandation ou remise de terre, acte usité déjà dès l'époque carolingienne, bien que ces deux dénominations ne datent que d'une période postérieure. On appelait ainsi la cession faite par un propriétaire de sa terre patrimoniale à un seigneur plus puissant, qui la lui rendait aussitôt à titre précaire. Par une analogie que je ne veux pas exagérer, il advenait aussi qu'on apaisait d'une façon analogue des rivalités, ou qu'un suzerain s'exonérait de certaines difficultés, en concédant telles ou telles terres, sous réserve d'hommage. Ainsi firent notamment les comtes de Toulouse pour Allais (1223) [1], et, comme nous l'avons déjà vu, pour les châtellenies de Muret et de Samatan, inféodées aux comtes de Comminges, bien que sises en plein pays Toulousain.

Voilà comment s'explique tout à la fois l'inclusion originelle du futur comté d'Astarac dans le patrimoine des ducs de Gascogne, et le vasselage des suzerains dudit Astarac vis-à-vis des comtes de Toulouse.

J'arrive à la portion de la vicomté de Fezensaguet, située sur la rive droite de l'Arrats. Il est notoire qu'elle appartenait au diocèse de Toulouse. Il est en outre prouvé qu'en 1457, les comtes d'Armagnac, vicomtes de Fezensaguet, étaient encore placés, au point de vue féodal, sous la suprématie du roi, ayant-droit des comtes de Toulouse, et représenté par le juge de Verdun relativement à la portion de la vicomté de Fezensaguet, sise au levant de l'Arrats [2]. Mais quand et comment cette portion de la vicomté de Fezensaguet fut-elle baillée à fief par la maison de Saint-Gilles ? Sur ce point, aucun texte ne nous renseigne avec précision. Il est néanmoins permis de considérer que la vicomté dont s'agit ne fut créée qu'au commencement du XIIIe siècle, en faveur de Roger, quatrième fils de Bernard IV, comte d'Armagnac. Si l'on distrait du Fezensaguet la partie sise au levant de l'Arrats, il est assez clair que le surplus ne constituait

---

[1] Hist. génér. de Languedoc, VII, 501-504.
[2] Hist. génér. de Languedoc, XII, 52.

pas un domaine suffisant pour constituer une véritable vicomté. Et
même, en admettant, momentanément le contraire, il n'est pas rai-
sonnablement admissible que les comtes de Toulouse eussent pu
avoir la tentation d'inféoder une partie de leur domaine à des
seigneurs si peu puissants. Cette inféodation est donc antérieure à
l'origine de la vicomté de Fezensaguet, démembrée du comté de
Fezensac. Je dis inféodation, comme j'ai dit pour les châtellenies
de Muret et de Samatan ; car il n'y a rien ici qui rappelle, de près ni
de loin, le pacte de recommandation.

Reste à m'expliquer, dans ce paragraphe, sur la vicomte de Lóma-
gne et Auvillars, et à remplir du même coup la promesse que j'ai
faite, en traitant du comté carolingien d'Agenais.

J'ai déjà dit que ce district englobait le diocèse primitif d'Agen, et
celui de Lectoure. Il me semble bien avoir prouvé que, lors du partage dudit comté, durant le IXe siècle, entre les comtes de Toulouse
et les ducs de Gascogne, ceux-ci gardèrent toute la portion du diocèse d'Agen sise sur la rive droite de la Garonne, et, sur la rive gauche, la région qui forma plus tard les archiprêtrés de Cayran, de
Villandraud, et de Filoubon. J'ai également expliqué la situation spéciale de la vicomté de Bruilhois, placée d'abord sous la suzeraineté
des évêques d'Agen, et sous celle des prélats de Condom à partir
de 1317. Reste à prouver un fait absolument ignoré jusqu'à ce jour,
à savoir que la vicomté de Lomagne et Auvillars, et la seigneurie de
Fimarcon, son annexe, passèrent de fort bonne heure sous la suzeraineté de la maison de Saint-Gilles.

Un chroniqueur de la fin du XIVe siècle, Aymeri de Peyrac, qui a
écrit sur l'histoire de l'abbaye de Moissac, fournit une lettre du Pape
Jean XIX, adressée au comte de Toulouse (Raymond-Borrel), où il se
plaint qu'Arnaud-Odon, vicomte de Gascogne, ou vicomte en Casco-
gne (*Arnaldus-Oddo, vicecomes Vasconiæ*), vassal dudit comte (*miles
tems*) s'est emparé, au détriment de l'abbaye de Moissac, des églises
de Saint-Martin de L'Oriol (*Sancti-Martini, in loco qui dicitur Orriolo*), et de Saint-Saturnin de Flamarens (*Sancti-Saturnini de Flamalingis*). Cette lettre, qui n'est datée ni pour le temps, ni pour le
lieu, est acceptée comme authentique par les auteurs de l'*Histoire
générale de Languedoc*, qui la font remonter à peu près en 1030 [1].
Je ne vois rien à objecter contre cette portion de leur doctrine. A ce
propos, on a dit et répété qu'il existait véritablement, en 1030, une

---

[1] V. la pièce dans l'*Hist. génér. de Languedoc*, v, 396-397.

vicomté de Gascogne. Notez qu'alors le duché de Vasconie n'était pas encore réuni à celui de Guienne. Il est donc absurde de supposer la coexistence d'un duché et d'une vicomté de Gascogne. Cette absurdité devient encore plus évidente, quand on songe que la prétendue vicomté de Gascogne relevait, non pas des successeurs de Sanche Mitarra, mais de la maison de Saint-Gilles. Je n'insisterai donc pas d'avantage à ce sujet. Le plus pressé est maintenant d'identifier les deux localités usurpées par Arnaud-Odon sur l'abbaye de Moissac.

Parlons d'abord du *locus qui dicitur Orriolo*. Les auteurs de l'*Histoire générale de Languedoc* traduisent *Orriolo* par Riols. Il existe plusieurs localités de ce nom, dont la moins distante de notre Sud-Ouest est Le Riols, canton de Vaouer, arrondissement de Gaillac, (Tarn). C'est encore beaucoup trop loin. Plus près, nous avons Lauriol ou Loriol, jadis englobé notoirement dans le domaine des comtes de Toulouse, et formant aujourd'hui un lieu dit de la commune et canton de Valence (Tarn-et-Garonne). Pourtant, nous ne sommes pas encore en présence du véritable *locus qui dicitur Orriolo*. Mais il existe, dans le canton d'Auvillars, un territoire du nom de Lauriol, paroisse actuelle de Saint-Michel, signalé par Moulencq[1] et qui réunit toutes les conditions requises. Il est mentionné, dès le 30 mars 1215 (vieux style), dont un acte portant donation par Raymond de La Lande, chanoine de Lectoure, au profit de l'abbaye de Moissac, de tout le territoire de *Lauriol*, et de l'eau de la Garonne en dépendant[2], situés dans la paroisse de Varennes, que Moulencq, identifie cette fois avec celle de Saint-Michel. Voilà le véritable Lauriol.

Le *vicecomes Gasconiæ* désigné dans l'acte de 1030 est aussi signalé dans d'autres textes comme étant Arnaud-Othon. Et comme, sans conteste, Flamarens était dans la vicomté de Lomagne, et Lauriol dans l'Auvillarais, il s'ensuit que le seigneur dont s'agit était dès lors vassal du comte de Toulouse pour l'un et l'autre de ces pays.

Mais, si lesdits territoires contigus eurent d'abord et longtemps les mêmes suzerains, pourquoi donc distinguait-on la vicomté de Lomagne de celle d'Auvillars? Évidemment, ceci se rattache à la question si controversée, et pourtant toujours obscure, de leurs origines. Encore un is, je ne veux pas discuter ici des textes plus que suspects. Et pourtant, même en admettant provisoirement ces informations

[1] MOULENCQ, *Documents historiques sur le Tarn-et-Garonne*, I, 116 et 126.
[2] *Inventaire des titres de l'abbaye de Belleperche*, fol. 77, v°.

comme authentiques, il est impossible de ne pas en tirer du texte de 1030, la preuve directe et précise qu'Othon Ier, vicomte de Lomagne, avait alors Lauriol ou L'Auriol. Quant au lieu de *Flamalingis*, c'est incontestablement Flamarens, commune du canton de Miradoux (Gers), autrefois dépendance notoire de la vicomté de Lomagne. L'autorité d'Arnaud-Odon s'étendait donc sur les deux districts, qu'on distingua tardivement sous les noms de vicomté de Lomagne, et vicomté d'Auvillars. Vers 1030, ils n'en formaient qu'une seule, et je supplie le lecteur de s'en souvenir. Elle était sise en Gascogne. Ainsi s'expliquent les mots *vicecomes Gasconiæ* appliqués à Arnaud-Odon. Mais quelle Gascogne ? Évidemment la Gascogne Toulousaine, puisque ce personnage était l'homme du comte de Toulouse (*miles tuus*). Et comme la Lomagne, ainsi que ce que je me permets d'appeler l'Auvillarais, constituant ensemble la vicomté de 1030, dépendirent d'abord notoirement du diocèse primitif d'Agen, puis de celui de Condom à dater de 1317, il s'ensuit que le territoire de cette future vicomté, dont dépendait le Fimarcon, était comprise dans le comté carolingien d'Agenais, et que, lors du partage de ce district entre les ducs de Gascogne et les comtes de Toulouse, elle entra dans le lot de ces derniers, en attendant de former une vicomté vassale de la maison de Saint-Gilles.

Dans sa lettre de 1030, le pape Jean XIX, n'a donc pu et voulu désigner qu'un vicomte ayant son fief dans la Gascogne Toulousaine. Veut-on que cette lettre soit fausse ? Je n'en crois rien. Néanmoins, je l'admets pour un instant. Il n'en resterait pas moins vrai que ce faux remonterait au xive siècle, et qu'alors on comprenait encore la Lomagne et l'Auvillarais dans la Gascogne Toulousaine.

Il s'agit donc bien ici de la *vicomté de Lomagne et d'Auvillars*, et non pas des vicomtés de deux fiefs distincts, de la *vicomté de Lomagne* et de la *vicomté d'Auvillars*, comme on le croit si généralement aujourd'hui. On a beaucoup discuté sur les premiers suzerains de ce fief ; et plus d'une fois, on a invoqué à ce propos des chartes dont l'authenticité est loin d'être démontrée. Il va de soi que je ne puis les discuter ici. Mais, dès 982, nous voyons incontestablement apparaître Arnaud de Lomagne (*Arnaldus de Leomania*), parmi les souscripteurs de la donation de l'église de Sainte-Aurence, faite en faveur de Garcie Ier, archevêque d'Auch, par Guillaume, comte d'Astarac[1]. Jusqu'au testament de Régine de Goth (2 août 1325), der-

[1] Dom BRUGÈLES, *Chron. eccl. du dioc d'Auch, Preuv. de la Prem. Part.*, 16.

nière vicomtesse de Lomagne, qui fit passer cette terre à la maison d'Armagnac, chacun des prédécesseurs de la testatrice prend le titre de *vicecomes Leomaniæ et Altivillarii* ou *Altivillaris*, et jamais ceux de *vicecomes Leomaniæ* d'une part, et de *vicecomes Altivillarii* de l'autre. Maints exemples bien connus témoignent de cette habitude. Va donc pour une seule vicomté de Lomagne et Auvillars, au point de vue féodal. Mais, à dater du xvi⁰ siècle, c'est-à-dire quand l'ancien avoir de la maison d'Armagnac fut réuni à la Couronne, avec tout le surplus des terres appartenant à Henri IV, les légistes du roi, et les agents de son fisc, considérant sans doute que la Lomagne était dans le diocèse de Lectoure, et l'Auvillarais dans celui de Condom (archiprêtre de Bruilhois, englobant aussi la vicomté du même nom); il advint que ces officiers distinguèrent, en pratique, et pour la commodité de leurs agissements, deux vicomtés, là où il n'y en avait jadis en réalité qu'une seule.

Quelle était l'étendue de la véritable et féodale vicomté de Lomagne et Auvillars? On n'a pas encore agité cette question. Sur la foi d'une charte attribuée à Hugues, évêque d'Agen, et datée de 1011 environ, on pourrait être tenté de comprendre dans ce fief suzerain, Condom et son territoire, c'est-à-dire l'*archipresbyteratus Feudi-Lobonis*, tel qu'on le trouve décrit dans un document déjà visé de 1326, publié par M. Tamizey de Larroque. Mais la charte dont s'agit est tirée du cartulaire de Condom; et j'ai déjà dit que je ne pouvais discuter ici cette source souvent impure de renseignements. Je me contenterai donc de faire observer ici que ledit cartulaire a été notoirement écrit tout entier après 1375, c'est-à-dire près de trois siècles après Hugues. Or, il est parlé, dans le texte qu'on date de 1011, du pays de Lomagne (*in pago Leumaniæ*). On y lit que ledit Hugues possède l'église de Saint-Pierre, de Condom, terme qui signifie maison sublime. (*Ecclesia sancti Petri, et locum Condomus, quod interpretatur quasi domus sublimis* [1]). Mais ces mots *quasi domus sublimis* suffiraient seuls à montrer le caractère apocryphe du document. Notez que les mêmes expressions reviennent dans une prétendue bulle de Grégoire VII, datée de 1076, et portant confirmation des prétendues libéralités dudit Hugues à l'abbaye de Condom. Ce n'est donc pas avec ces textes qu'il est permis d'englober l'*archipresbyteratus Feudi-Lobonis* dans la vicomté de Lomagne. Par contre, il résulte de tout un ensemble de documents dis-

---

[1] *Gall. christ.*, II, *Instr. eccl. Condom.*, 438-430.

persés dans les premiers volumes des *Acta et fœderá regum Angliæ* de Rymer[1]; dans le *Catalogue des Rolles Gascons* de Thomas Carte, etc., que l'importante seigneurie de Fimarcon, sise du levant de *l'archipresbyteratus Feudi-Lobonis*, était un démembrement de la vicomté de Lomagne. A l'époque de sa complète intégrité, cette seigneurie, qui subit depuis divers démembrements, englobait : 1° Tout l'archiprêtré de Fimarcon (*archipresbyteratus Fendi-Marchonis*) décrit dans le document susvisé de 1326 ; 2° Le surplus du Fimarcon féodal sis au levant dudit archiprêtré, et compris dans le diocèse de Lectoure. Là commençait la véritable vicomté de Lomagne du xvie siècle, limitée elle même, vers l'Orient, par l'Auvillarais, et la jugerie de Verdun.

Pour toutes les raisons ci-dessus, je considère le territoire de la vicomté de Lomagne et Auvillars comme ayant fait partie du comté carolingien d'Agenais, comme étant passée sous la domination des comtes de Toulouse, lors du partage dudit Agenais, et comme ayant, à ce titre, fait partie de la Gascogne Toulousaine, sous forme d'une vicomté relevant de la maison de Saint-Gilles. Ce fief englobait, sous le nom de vicomté de Lomagne et Auvillars, et qu'on désigna dès la fin du xvie siècle sous les noms distincts de vicomté de Lomagne et de vicomté d'Auvillars. Il faut y ajouter l'importante seigneurie de Fimarcon à l'époque de la pleine intégrité.

Récapitulant enfin tout ce qui composait, selon moi, la véritable Gascogne Toulousaine, j'y comprends la jugerie primitive de Rieux, dont furent démembrées plus tard celles de Verdun, et de Rivière. J'y englobe aussi le comté d'Astarac (définitivement réduit), la portion de la vicomté de Fezensaguet sise sur la rive droite de l'Arrats, et enfin la vicomté de Lomagne et Auvillars, avec son appendice de Fimarcon.

§ VII. COMTÉ DE BORDEAUX. — Le lecteur s'étonnera peut-être de me voir traiter ici du comté de Bordeaux. Ce district ne fit jamais, en effet, partie du duché bénéficiaire de Vasconie, tel qu'il subsista de 602 à 769, et peut-être à 778. Bordeaux était la métropole des cités qui constituaient, au temps du Bas-Empire, la province appelée *Aquitanica Secunda*. Sans vouloir remonter ici plus haut que la création du royaume d'Aquitaine, je constate, par le récit du biographe de Louis le Débonnaire, que le Bordelais fut alors pourvu d'un comte

---

[1] *Gall. christ.*, ii, *Instr. eccl. Condom.*, 441-442.

appelé Siguin (*Siguinus*). Un autre personnage de même nom vivait, en 833, époque où les Normands ravagèrent pour la première fois la Saintonge et le Bordelais. Ce second Siguin fut pris et tué en faisant tête aux envahisseurs. Les documents contemporains le qualifient de duc des Vascons, et de comte de Bordeaux et de Saintonge [1]. Mais faut-il entendre par là que ce second Siguin étendait son autorité non seulement sur ces deux derniers districts, c'est-à-dire sur la Vasconie tout entière, sur le territoire équivalent au duché bénéficiaire de ce nom, qui fut créé en 602, et qui persista jusqu'en 760, peut-être même jusqu'en 778 ? Ceux qui affirment cette persistance commettent une erreur grossière. Le second Siguin ne gouvernait, au sud de la Garonne, que le Grand Comté de Vasconie, sous la souveraineté de Pépin Ier, second fils de Louis le Débonnaire et d'Ermengarde, et rival de Charles le Chauve, fils du même Louis et de sa seconde femme Judith. Il est clairement prouvé que dès, 835 et 836, Charles était tenu pour souverain légitime en Fezensac, et en Vasconie Citérieure. La Saintonge, le Bordelais, et le Grand Comté de Vasconie tenaient au contraire pour Pépin II. Notez, en outre, qu'il existe un diplôme de 827, délivré par Pépin Ier en faveur de l'abbaye de Saint-Maixent en Poitou. Ce diplôme est daté du palais de Casseuil *Actum in Casanogili palatio* [2]) Or, Casseuil (Gironde) situé sur la limite du Bordelais, au confluent de la Garonne et du Drot, appartenait au diocèse de Bazas, compris dans le Grand Comté de Vasconie. Je n'ai donc pas à insister sur ce point.

Cette union du Grand Comté de Vasconie et des deux comtés susnommés, devait se prolonger durant un certain temps. En 846, sous le duc Guillaume, les Normands prirent et pillèrent une seconde fois Bordeaux, qui leur fut livré par les juifs. Ils ruinèrent aussi la ville de *Metullum* en Médoc. C'était au temps du duc Guillaume [3]. Ce seigneur

---

[1] Quidam de Aquitania venientes Normannos inter Burdegalam et Santonas eruptionem his diebus fuisse, et nostros, id est Christianos pedestri prælio congressos, et miserabiliter, nisi quos fuga eripere potuit peremptos. In quo bello comprehensum Ducem Vasconum Siguinum, et peremptum etiam juramento testati sunt, *Chron. de Gest. Normann.* ad ann. 833. — Alio anno Siguinus comes Burdigalensis et Santonicensis a Normannis captus et occisus est, et Santonas a Normannis concremata est, thesauris optimis ejus exportatis. ADHEMAR. *Chron.*, ad ann. 833.

[2] *Dipl. Pipini Aquitaniæ regis*, ad ann. 827, ap. Bouquet, VI, 665-666.

[3] Anno DCCCXLVIII Nortamanni Burdegalim urbem ceperunt, et ducem ejusdem Guillelmum noctu, *Chron. Fontanell.* — Classis Nor-

étendait-il, comme le second Siguin, son autorité sur la Saintonge?
Aucun texte ne nous autorise à le croire. Mais il commandait assurément dans les comtés de Bordelais et de Grande Vasconie. Voilà
certainement pourquoi la Chronique de Fontenelle appelle Bordeaux
urbem Burdegalim caput regionis Novempopulanæ. Que d'erreurs
et de témérités n'a-t-on pas produites à propos de ces quatre mots!
Le fait est que caput doit être ici pris tout bonnement dans le sens
d'initium. Il en existe maints exemples, dans notre Sud-Ouest comme
ailleurs. Bordeaux était donc, en 848, la tête des possessions du duc
Guillaume, qui gouvernait aussi le Grand Comté de Vasconie. Le
chroniqueur n'a pas voulu dire autre chose. Pour lui, Novempopulanæ désigne uniquement les pays gouvernés par le duc Guillaume,
y compris le Grand Comté des Vascons. Il est, en effet, copieusement prouvé que, jusqu'en 852, époque où Sanche-Sancion, comte
de Vasconie Citérieure livra à Charles le Chauve son rival Pepin II,
fils de Pepin Ier, ce seigneur tint le parti de Pepin II. J'ai déjà dit
qu'Azenar, frère et prédécesseur de Sanche-Sancion, exerçait une
certaine suprématie en Fezensac. Son successeur en hérita certainement. Ce n'est pas tout. Il est certain qu'à la fin de sa vie, Sanche-Sancion était duc de Gascogne. Qu'est-ce à dire? Tout simplement qu'il avait ajouté, à son autorité directe en Vasconie Citérieure, à sa prépondérance en Fezensac, le gouvernement du Grand
Comté de Vasconie. Sans doute, il fut ainsi payé par Charles le
Chauve, pour lui avoir livré Pepin II. Désormais les comtes carolingiens de Bordeaux n'exercent plus aucun pouvoir dans le Grand
Comté de Vasconie.

§ VIII. — COMTÉ DE COMMINGES ET COUSERANS. — Ce comté a-t-il réellement existé, au temps des rois d'Aquitaine? Y a-t-il eu véritablement,
à cette époque, un district carolingien englobant les cités épiscopales
de Comminges (civitas Convenarum) et de Couserans (civitas Conso-

---

mannorum fluvium Sequanam ingressa est ipso die tertio idus octobris
duce Hoferi, qui aliquot ante annos Rotomagum urbem depopularat, ac
incendio cremarat, id est anno DCCCXLI, et per annos undecim multas re-
giones latrociniando occuparat, inter quas et urbem Burdegalim munitis-
simam, caput regionis Novempopulanæ, de qua tunc progressus fuerat. Chron.
Fontanell., ad ann. 848. — Anno DCCCXLVIII Normanni Burdegalim Aquitaniæ Judæis prodentibus captam, depopulatamque incendunt. Deinde Metullum vicum depopulantes incendio tradunt. Chron. de Gest. Normann.

rannorum) de la période mérovingienne, sans préjudice des époques antérieures? Je ne pourrais, sans témérité, l'affirmer en termes exprès. Le lecteur est donc prié de ne voir dans les présentes réflexions que l'hypothèse la plus probable.

Sur les *Convenæ* et les *Consoranni*, nous sommes abondamment renseignés, depuis l'époque romaine jusqu'en 670 ou 673, date du concile de *castro Garnomo*, où assistèrent les Sesemundus (*Sesemundus Convenarum urbis episcopus*) et Maurolenus (*Maurolenus, Coseranensis urbis episcopus* [1]).

Mais, à dater dudit concile, et jusque vers l'an 900, c'est-à-dire pendant deux cent vingt-sept ans environ, les informations font presque complètement défaut.

Il est vrai que les auteurs de l'*Histoire générale de Languedoc* signalent, en 835, un certain Involat comme évêque de Comminges. Mais son existence, à cette date, est uniquement attestée par la fausse charte d'Alaon (*Involato Convenarum episcopo*). En revanche, l'existence d'Involat en 879 nous est certifiée par une lettre du pape Jean VII, à l'archevêque d'Auch et à ses suffrageants, parmi lesquels l'évêque de Comminges susnommé. N'oublions pas non plus que les auteurs du *Gallia Christiana* [2] signalent en outre deux autres prélats, Abraham de Comminges, et Francolinus de Couserans, comme figurant parmi les prélats ayant assisté au concile de Narbonne, dont la majorité des érudits fixe la tenue en 791.

Mais, je tiens pour faux le document dont s'agit, et j'ai tâché d'en donner les raisons dans un mémoire déjà publié. Il m'est donc interdit de me prévaloir de cette pièce. Voilà pourquoi je déclare ne savoir à peu près rien sur les destinées du Comminges et du Couserans, depuis le concile de *castro Garnomo* jusqu'au commencement du xe siècle. Mais je constate que, vers 900, il existait déjà un comté d'Aure nommé Arnaud [3]. Il est prouvé qu'alors le comté d'Aure englobait, outre la vallée de même nom, celles de Nestes, et de Barousse, sises toutes trois dans le diocèse de Comminges. Garcie-Arnaud Ier y ajouta la vicomté de Magnoac, par son mariage avec Fachilène, fille d'Arnaud-Garcie, premier comte d'Astarac, laquelle eut en dot la terre dont s'agit [4]. Ainsi se trouva constitué le comté d'Aure, et le futur

---

[1] *Hist. gén. de Languedoc*, II, *Preuves*, 40-42.
[2] *Gall. Christ.*, 1092-1093, et 1127.
[3] Dom. BRUGÈLES, *Chroniques ecclésiastiques du diocèse d'Auch*, 558.
[4] *Id. Ibid.* 538.

comté des Quatre-Vallées. Tout ce district, moins le Magnoac, naquit dont et incontestablement, aux dépens de la cité épiscopale de Comminges.

Toujours est-il que, sauf l'exception déjà signalée pour 879, et de 673 à 900 tout au moins, nous ne savons à peu près rien des destinées de cette cité, non plus que sur celle de Couserans. Il est donc permis de se demander si, au temps des rois d'Aquitaine, ces deux territoires ne formèrent qu'un seul comté, ou s'ils en constituèrent deux. En faveur de cette dernière hypothèse, on peut arguer que Centulle Iᵉʳ, vicomte de Béarn et comte de Bigorre, s'étant subordonné (vers 1096), pour un temps, les suzerains du comté d'Aure, et les ayant réduits par la force à la condition de vicomtes, le comté de Bigorre ne fit que reprendre une antique suprématie, dont l'origine ne pourrait s'expliquer que par l'attribution des vallées d'Aure, Nestes, et Barousse, au comté féodal de Bigorre avant tout démembrement. Il y aurait ainsi grande vraisemblance que ce district réprésentât le comté carolingien de même nom, qui dès lors aurait dû absorber les trois vallées dont s'agit. Or, elles ont toujours été comprises dans la portion occidentale du diocèse de Comminges, et par conséquent dans la cité épiscopale de même nom. Il serait donc permis de supposer que la lignée des comtés d'Aure est issue de celle des comtes de Bigorre, et que ces derniers, tout en gardant leur suprématie sur la branche cadette, se seraient dessaisis en sa faveur des vallées d'Aure, Nestes, et Barousse.

Voilà, je crois, tout ce qu'en a déjà dit, et ce qu'on pourrait ajouter. Mais cela ne m'impressionne aucunement, et voici pourquoi.

Et d'abord, le primitif comté d'Aure a toujours dépendu du diocèse de Comminges. J'aurais tort, assurément, de compter cela comme une trop grave présomption contre la Bigorre. Mais j'ai hâte d'ajouter qu'avant comme après l'annexion du Magnoac, la maison d'Aure et des Quatre-Vallées a toujours, et très notoirement, orienté sa libre politique du côté des comtes de Comminges et d'Astarac, jamais dans le sens de ceux de Bigorre. Voilà déjà, ce me semble, une considération plus sérieuse.

Quant à rattacher la maison d'Aure à celle de Bigorre, je n'y saurait consentir. Sur les origines de la première, on a proposé, en effet, plusieurs systèmes, dont aucun ne supporte un examen sérieux. Le plus prudent est encore de supposer que la lignée dont s'agit dût former une branche de celle des comtes de Comminges et Couserans, à une date indéterminée du IXᵉ siècle. En effet, comment expliquer autrement que par une même origine, par des intérêts communs de parenté et de politique, l'intervention de Bernard III, comte de Comminges, lequel ne voulait pas que Sanche-Garcie, premier vicomte d'Aure prêtât serment de fidélité au comte de Bigorre, en 1114, c'est-à-dire quand le premier intervint en faveur du second auprès du comte de Bigorre pour empêcher que la situation de son protégé ne fût encore empirée?

Quant à alléguer que la subordination, d'ailleurs temporaire, de l'ancien comté, et désormais de la vicomté d'Aure au comté de Bigorre, témoigne de l'origine commune des suzerains de ces deux pays, voilà ce que je n'admettrai jamais. Évidemment, le vaincu subit alors la loi de la guerre. Faut-il donc compter la force parmi les indices de parenté? Et puis encore, si les suzerains Bigorrais avaient laissé naître ceux d'Aure avec le titre de comtes, pourquoi Centulle Ier susnommé, méconnut-il, en 1096, un ordre de choses créé par ses prédécesseurs, les suzerains de Bigorre? Et puis enfin, il est démontré qu'à cette date, le Magnoac, incontestablement démembré de l'Astarac, était déjà annexé au comté d'Aure. Quels droits, résultant d'une prétendue parenté, les suzerains de Bigorre pouvaient-ils donc invoquer à raison de ce Magnoac?

Voilà pourquoi j'incline vers l'hypothèse favorable à l'existence d'un comté carolingien de Comminges et Couserans, englobant à l'origine les deux cités épiscopales de ce nom. Avec la même étendue, ce district aurait ensuite constitué un comté féodal, réduit à une date indéterminée du IXe siècle, et au profit d'une branche cadette de la maison de Comminges, du primitif comté d'Aure. Au reste, le lecteur a certainement remarqué que, vers 900, un personnage du nom d'Azenar était comte de Comminges et de Couserans, c'est-à-dire du territoire de ces deux anciennes cités épiscopales, moins la partie Commingeoise qui constituait déjà le comté d'Aure. Voilà donc, ce me semble, une présomption nouvelle en faveur de l'hypothèse qui tend à donner le tout aux devanciers de ce comté.

Contre ces indications, que je crois sérieuses, je ne vois qu'une objection. — Il est largement prouvé que, du démembrement féodal des comtés carolingiens de Grande Vasconie ou Grand Comté des Vascons, de Vasconie Citérieure, et de Bigorre, ne sont jamais issus d'anciens et véritables comtés, mais simplement des vicomtés, dont la plupart, sinon toutes, ne peuvent être que des viguries trans-

---

[1] Dom Bauzelles, *Chron. ecclés. d'Auch*, 551.

formées. Sans doute, cette assertion peut être contestée, pour
partie, en invoquant certaines chartes féodales. Mais reste à voir si
ces pièces sont authentiques, et ce n'est pas le bon moment pour les
discuter ici. N'importe. On pourrait se demander comment les vallées
d'Aure, Nestes, et Barousse, étant présentées comme un démembrement du primitif et féodal comté de Comminges et Couserans, les
suzerains desdites vallées prirent tout d'abord le titre de comte, et
non celui de vicomte.

Voilà l'objection. Mais il est facile d'y répondre.

Nous sommes certifiés, en effet, que le comté féodal de Fezensac
englobait, à l'origine, sauf les restrictions déjà faites à propos de
l'Armagnac primitif, tout le territoire gouverné par Burgundio et Liutard, au temps de Louis le Débonnaire. Mais, il est également prouvé
que de ce fief suzerain naquirent vers 920, les comtés de Fezensac
(réduits pour la première fois), d'Armagnac et d'Astarac. Durant les
premières années du xi⁰ siècle, ce dernier perdit lui-même sa partie
occidentale, qui forma désormais le comté de Pardiac. La constitu-
tion, au cours du ix⁰ siècle, d'un comté d'Aure aux dépens de celui
de Comminges et Couserans n'a donc absolument rien d'anormal.
Bien plus. Elle est tout à fait conforme aux pratiques du temps, au
moins dans notre région, quand il ne s'agit pas d'anciennes vigueries transformées en vicomtés durant l'époque féodale. Et il n'y a
pas à objecter ici que le Couserans était devenu finalement une
vicomté. Après la naissance du comté d'Aure, les suzerains du Comminges se qualifient de comtes de Comminges et Couserans, jusqu'à
l'époque où l'*Histoire générale du Languedoc* constate, en toute
certitude, tantôt des démembrements, tantôt des agrandissements
de leur domaine. Le Couserans ne devient une vicomté qu'à une
époque relativement tardive, et par ce fait, dès longtemps signalé
par Marca [1], que le pays dont s'agit, étant passé dans la maison de
Foix, dont il bordait à l'Ouest les possessions primitives, il fallut
réduire ce Couserans à l'état de vicomté, pour ne plus compter
toute cette portion du versant nord des Pyrénées que sous l'appellation collective de comté de Foix. J'ajoute, sans que cela soit ici de
première utilité, que les démembrements plus ou moins modernes
de ladite vicomté sont absolument ignorés de nos annalistes régionaux. Je les engage à se renseigner là dessus dans les manuscrits

[1] MARCA, *Hist. de Béarn*, 710-711.

de Froidour, rédigés sous Louis XIV, et conservés aux Archives du Palais de Justice de Toulouse.

Voilà pour le comté d'Aure. — Reste le surplus du territoire des anciennes cités épiscopales de Comminges et de Couserans.

Les auteurs de l'*Histoire générale de Languedoc*, tiennent pour certain que, vers 900, c'est-à-dire en même temps que le premier comte connu de Comminges et de Couserans. Il faut entendre par là tout le second de ces pays, et la portion du premier qui se trouvait au levant du comté d'Aure. Il est désormais permis de suivre les augmentations, diminutions, et autres changements, survenus dans le comté féodal de Comminges et Couserans, tel qu'il existait vers l'an 900 [1].

Pour me résumer, j'estime que l'hypothèse de l'existence d'un comté carolingien de Comminges et Couserans, englobant les anciennes cités épiscopales de même nom, présente bien plus de probabilités que la supposition contraire.

Et voilà tout le résultat de mes recherches sur la géographie politique du sud-ouest de la Gaule Franque, au temps des rois d'Aquitaine. Je suis heureux d'avoir trouvé, cette fois, le moyen de dire ce que je pense, sans désigner par leurs noms les érudits contemporains dont je n'accepte pas, tant s'en faut, l'intégralité des doctrines concernant la géographie historique de ma province. Les censeurs autorisés, qui m'assistent de leurs conseils, m'obligeront une fois de plus, en s'abstenant à mon égard de semblables ménagemens. Pour le mal, encore plus que pour le bien, je tiens à demeurer responsable sous mon nom. La bonne géographie politique des temps anciens, ne peut jaillir que de l'étude attentive et minutieuse de l'histoire. En cette aride et difficile matière, il importe hautement de remonter du particulier au général, du district à la province, de la province à l'État Français. Tant que les travailleurs régionaux n'auront pas intégralement accompli leurs tâches respectives, toutes les entreprises d'ensemble, sont et seront forcément entachées de quantité d'erreurs et d'omissions.

Sur le tard de ma vie, j'ai le contentement de voir quelques travailleurs de la génération nouvelle, les Camille Jullian, les Maurice

---

[1] *Hist. gén. de Languedoc*, IV, note XII, p. 109-126.

Prou, les Imbart de La Tour, et d'autres encore, engagés dans la droite et sûre voie. Puissent-ils la suivre longtemps encore, en dispensant la bonne doctrine et le bon exemple.

N. B. — En corrigeant les épreuves de ce mémoire, je reçois de mon précieux correspondant, M. l'abbé Breuils, une note confirmant, complétant, ou rectifiant les localités du comté carolingien de Fezensac ou d'Auch données en 817 à l'abbaye de Sorèze.

Blixenciacus. — Blisence, près Saramon (Gers). V. Dom Brugeles, *Chron.* 275.

Petra-Acuta. — Peyragude. Fief placé sur les hauteurs qui s'étendent entre Monlezun et Tillac (Gers) dans la carte de Cassini. Il est vrai que cette terre, sise sur les confins de l'Astarac et du Pardiac est bien éloignée de Saramon.

Montejoco. — Mongauzy, près Saramon (Gers). Il est prouvé que, durant tout le moyen-âge, cette terre appartint à l'abbaye de Saramon, fille de celle de Sorèze.

Exartigat. — Lartigue, près Saramon (Gers), dans l'ancien archidiaconé d'Astarac. Dom Brugeles, *Chron.* 275 et suiv.

Vacarius. — Inconnu sous ce nom. Faut-il corriger en *Tirannus* ? En ce cas ce serait Tirent, près Saramon (Gers). Si on aime mieux *Bacarius* ou *Baguarius*, ce pourrait être Le Buguet, lieu dit indiqué par Cassini, ou La Barguière signalé par le même, dans la banlieue de Saramon.

Marcellianus cum ecclesia Sancti-Martini. — Ancienne paroisse de Saint-Martin de Marseillan, unie depuis le XVIe siècle à celle d'Auterive. Dom Brugeles, *Chron.*, 413 et 475 et suiv. Indiqué par Cassini comme lieu dit au bas des côteaux de la rive droite du Gers, à Auterive.

www.ingramcontent.com/pod-product-compliance
Lightning Source LLC
LaVergne TN
LVHW022155080426
835511LV00008B/1421